W0041843

Eugen Biser

Die Neuentdeckung des Glaubens

Eugen Biser

DIE NEUENTDECKUNG DES GLAUBENS

Kreuz

Bibliografische Information der Deutschen Bibliothek
Die Deutsche Bibliothek verzeichnet diese Publikation in der
Deutschen Nationalbibliografie; detaillierte bibliografische Daten
sind im Internet über http://dnb.ddb.de abrufbar

Kreuz Verlag GmbH & Co. KG Stuttgart
Verlagsgruppe Dornier
Postfach 80 06 69, 70506 Stuttgart

www.kreuzverlag.de
www.verlagsgruppe-dornier.de

© 2004 Kreuz Verlag GmbH & Co. KG Stuttgart
Der Kreuz Verlag ist ein Unternehmen
der Verlagsgruppe Dornier GmbH
Alle Rechte vorbehalten
Umschlagbild: © Picture-alliance/dpa
Umschlaggestaltung: Bergmoser & Höller Agentur, Aachen
Satz: de·te·pe, Aalen
Druck: GGP Media GmbH, Pößneck

ISBN 3-7831-2439-5

INHALT

I. DER VORBAU   9

A. Die Unterscheidung   10
B. Die Rahmenbedingungen   16
C. Die Einordnung   22
D. Braucht die Gesellschaft Religion?   25
E. Zeig uns den Vater!   28
F. Zeige mir den Menschen!   32
G. Die Austreibung   36

II. DER AUFBAU   39

1 DIE BEGRÜNDUNG   40
   Wofür eine neue Theologie?

2 DIE ANSTÖSSE   44
   Die Rechtfertigung

3 DER NEUE WEIN   49
   Das biblische Fundament

4 WO BIST DU?   53
   Der Ansprechpartner

5 WOHIN BEWEGEN WIR UNS?   57
   Die glaubensgeschichtliche Stunde

6 WOHIN IST GOTT?   61
   Die Gottesfrage

7 DIE VERSTÄNDIGUNG   66
   Der Schulterschluss

8 DIE UNTERSCHEIDUNG   70
   Die bleibenden Gegensätze

9 DER SCHLÜSSEL 75
Das authentische Interpretament

10 WER BIST DU? 80
Fragend und befragt

11 ICH BIN ES 84
Die umfassende Antwort

12 ALLES MACHT ER GUT 88
Der Beweis des Geistes und der Kraft

13 WAS HALTET IHR VON CHRISTUS? 92
Die große Anfrage

14 WARUM MUSSTE ER STERBEN? 97
Die Folgen der Ablehnung

15 DAS GEBROCHENE BROT 101
Das Selbstzeugnis

16 WOFÜR IST ER GESTORBEN? 105
Opfer oder Liebestat?

17 DER TODESSCHREI 109
Die übersprachliche Botschaft

18 KOMM HERAUS! 112
Der Weckruf

19 DER DREHPUNKT 115
Die Achse des Christentums

20 ZULETZT ERSCHIEN ER MIR 120
Der antwortende Zeuge

21 WAS HEISST GLAUBEN? 124
Die Dimension der Zustimmung

22 DAS FORTLEBEN 127
Mitten unter uns

23 ESOTERIK UND MYSTIK 130
Der Christ der Zukunft

24 WAS RECHTES BETEN IST   132
   Betende Interaktion

25 DURCH DIE LIEBE WIRKSAM   135
   Die Tat des Glaubens

26 DER BESSERE WEG   138
   Immunisierung statt Gesetz

27 KEINE ANGST, GLAUBE NUR!   141
   Die Angstüberwindung

28 WAS ZUM FRIEDEN DIENT   145
   Die Rettung der Welt

29 SELIG DIE FRIEDENSSTIFTER   149
   Der aktuelle Appell

ANMERKUNGEN   153

INDEX   158
Bibelstellen   158
Namen   159

I. DER VORBAU

A. DIE UNTERSCHEIDUNG

DER GRUNDRISS

Eine Theologie, die sich auf den Aufbruch des Glaubens einstimmt und deshalb als »neu« versteht, muss in erster Linie diesen Anspruch rechtfertigen, indem sie auf die Gegenströmung zum offenkundigen Trend vom Glauben zum Unglauben verhilft. Deshalb bezieht sie sich ebenso auf Aufbrüche wie insbesondere auf die im Gefolge des Zweiten Vatikanums in Gang gekommene Neuentdeckung Jesu wie auf die darauf hinwirkende glaubensgeschichtliche Wende, verstanden als die Wende vom Gehorsams- zum Verstehensglauben, vom Bekenntnis- zum Erfahrungsglauben und vom Gegenstands- zum Identitätsglauben. Gleichzeitig muss sie sich von zwei gegensinnigen Tendenzen abgrenzen. Einmal von der uneingestandenen Nachwirkung der Aufklärung, die das Christentum nur noch als Ethik gelten lässt (*Kant*) und so die irritierende Kopflastigkeit seines Erscheinungsbildes verursacht. Zum anderen von jeder Form von Ideologie; und das eine wie das andere durch den Nachweis, dass das Christentum von seinem Prinzip her keine moralische, sondern eine therapeutische und mystische Religion ist, die dem Menschen zur Heilung und Selbstfindung verhilft.

Eine Theologie, die diesem Anspruch genügen will, muss in dem Sinn progressiv verfahren, dass sie, um mit *Nietzsche* zu reden, zurückblickt, um sagen zu können, was kommen wird. Dabei gilt ihr Rückblick zuerst der Gottesentdeckung Jesu, da sich der Anspruch des Christentums auf den Rang einer Weltreligion letztlich nur auf den von Jesus entdeckten, gelebten, verkündeten und erlittenen Gott der bedingungslosen Liebe begründen lässt. Gleichzeitig muss sie das Eigenprofil Jesu herausarbeiten, der im Unterschied zu allen anderen Religionsstiftern nicht nur eine Botschaft *hat*, sondern diese in leibhaftiger Verkörperung *ist*, so wie er, anders als sie, niemals zu »etwas Vergangenem« werden kann (*Kierkegaard*), sondern den an ihn Glaubenden stets gegenwärtig bleibt und als mystisches Lebensprinzip einwohnt. Für das Schriftverständnis ergibt sich daraus die Konsequenz, dass die der Überlieferung entstammenden neutestamentlichen Schriften lediglich als der aus einem vielschichtigen Rezeptionsprozess hervorgegangene Niederschlag seiner Botschaft, nicht aber als diese selbst gelten können. Um sie zu gewinnen, muss Jesus als leibhaftiges Interpretament an diese Schriften herangetragen und müssen diese in seinem Licht gelesen werden. Dann leuchten in ihrem Kontext die ihm und seiner Wahrheit konformen Stellen auf, während die gegensinnigen bis zur Unkenntlichkeit verblassen.

Eine Theologie, die sich der Neuentdeckung Jesu verschrieben hat, muss sich, wiederum im Gegenzug zu nachwirkenden Tendenzen der Aufklärung, ihrer Zentrierung im Ereignis der Auferstehung bewusst sein und sie als »Angel- und Drehpunkt« des ganzen Christentums (*Wilckens*) zur Geltung bringen. Die Auferstehung ist die Wende von der Lebens- zur Wirkungsgeschichte Jesu. In dieser gibt er seine individuelle, in Raum und Zeit eingebundene Seinsweise auf, um als »lebendig machender Geist« (1 Korinther 15,45) in den Glaubenden auf- und fortzuleben. Umgekehrt bestehen diese die entscheidende Glaubensprobe dadurch, dass sie der Verbundenheit mit dem ihnen Einwohnenden bewusst werden und aus dessen Impulsen leben (2 Korinther 13,5). Die darin verankerte Theologie wird alles Gewicht auf eine vertiefte Wahrnehmung der Lebensgeschichte Jesu und die angemessene Sinndeutung seines Kreuzestodes legen; ebenso wird sie ihr Augenmerk auf sein Fortleben im Glauben eines jeden wie im Zeitgeschehen richten, um daraus Rückschlüsse auf die persönliche Lebensgestaltung wie auf das Geheiß der Stunde zu ziehen. Denn das Fortleben verpflichtet ebenso zu einem Leben in der »Gesinnung, die in Christus Jesus war« (Philipper 2,5), wie zur hilfreichen Einwirkung auf das vom Rückfall in barbarische Verhaltensweisen bedrohte Zeitgeschehen.

Eine Theologie, die aus diesem Verantwortungsbewusstsein lebt, muss sich ebenso von gegensinnigen Tendenzen im Kräftefeld der Gegenwart wie im Erscheinungsbild der Gegenwartstheologie abgrenzen. Abgesehen von ihrer einer Ideologie nahe kommenden und als solche immer noch nachwirkenden Traditionsgestalt betrifft das vor allem jene Stellungnahmen, die im erklärten Gegenzug zu dem Gott Jesu Christi (*Pascal*) für einen Gott des Zornes, der Drohung und des Gerichts plädieren. Nicht weniger scharf wird sie sich aber auch von der auf die Einebnung aller Religions- und Konfessionsunterschiede ausgehenden pluralistischen Religionstheorie und den Tendenzen abgrenzen müssen, die auf eine Marginalisierung des Osterglaubens hinwirken. Denn das eine widerspricht der religionsgeschichtlichen Großtat Jesu, durch die er im Zwielicht der traditionellen Gottesbilder dem Gott der bedingungslosen Liebe zum Durchbruch verhalf. Demgegenüber droht die Marginalisierung des Osterglaubens das Zentrum des Christentums zu verdunkeln und damit sein Existenzrecht in Frage zu stellen. Umso mehr müssen Initiativen zu dem Ziel ergriffen werden, die Auferstehung Jesu als Entstehungsgrund des ganzen Christentums einschließlich seines Aufbaus und seines Schrifttums herauszustellen und dem Glaubensbewusstsein einzustiften. Wenn dies gelingt, wird sich auch der von Jesus entdeckte Gott gegen die verdunkelnden Tendenzen durchsetzen, weil nur er die Auferstehung des Gekreuzigten glaubhaft macht.

Eine Theologie, die sich diesem Gott der »Güte und Menschenfreundlichkeit« (Titus 3,4) verpflichtet weiß, muss dem Menschen entgegenkommen, der im Systemgebäude der traditionellen Theologie kein Unterkommen findet (*Kierkegaard*) und vergeblich auf Hilfe bei seiner Sinnsuche und Lebensgestaltung wartet. Zum einen verhilft ihm die neue Theologie, indem sie ihn zum Bewusstsein seiner Gotteskindschaft erhebt und ihn im Motiv der Einwohnung Christi die Antwort auf seine Sinnfrage finden lässt. Zum anderen, indem sie ihn dem Konflikt der ethischen Direktiven enthebt und auf den Königsweg der Immunisierung gegen das

Böse durch das Prinzip Liebe verweist. Gleichzeitig geht sie auf seine äußeren und inneren Gefährdungen ein. Auf die äußeren durch die desintegrativen Tendenzkräfte der Gegenwart, die ihn zu einem an die gesellschaftlichen Zwänge angepassten Leben der herabgesetzten Ansprüche, der Medienabhängigkeit und damit der Eindimensionalität (*Marcuse*) zu überreden suchen. Und auf die inneren durch die um sich greifende und durch die Weltlage stimulierte Lebensangst und die alle Initiativen niederhaltende kollektive Depression. Den äußeren Beeinträchtigungen setzt die neue Theologie die Idee der Gotteskindschaft und damit den Spitzenbegriff der christlichen Anthropologie entgegen, den inneren das Wissen um den Gott der bedingungslosen Liebe, der den Menschen, zusammen mit der Gottesangst, auch der Sozial- und Existenzangst und damit dem Komplex der drei Wurzelängste entreißt und ihm darüber hinaus zur definitiven Sinnfindung verhilft.

Eine Theologie, die sich ihrer Glaubensverantwortung bewusst ist, wird sich der Herausforderung durch den »ozeanischen« Atheismus stellen müssen, der sich als die selbstverständliche und keiner Rechtfertigung mehr bedürftige Grundhaltung des heutigen Menschen ausgibt. Gestützt wird er dabei durch ein Zeitgeschehen, das geradezu das Gepräge eines »strukturellen« Atheismus aufweist und mehr als alle manifesten Gründe den heutigen Glaubensschwund erklärt. Dem steht jedoch die Tatsache entgegen, dass der Atheismus inzwischen in ein neues Stadium eingetreten ist, in dem er ebenso in einer Affinität mit dem Gekreuzigten (*Nietzsche*) wie mit dem gegen Anfechtungen und Zweifel ankämpfenden Glaubenden erscheint. Gleichzeitig muss die neue Theologie auf die Anzeichen der Wiederkehr des Glaubens achten, die sie ebenso in der glaubensgeschichtlichen Wende wie in dem neu erwachenden Wissen um die Interaktion des Glaubenden mit dem Geglaubten entdeckt. Nicht weniger wird sie sich um den Abbau von Glaubenshindernissen und unter ihnen vor allem um das viele bedrängende Theodizeeproblem bemühen müssen. Dabei wird sie der Klage der (nach Römer 8, 18–22) unter ihrer Nichtigkeit leidenden Schöpfung ebenso wie dem aus den Vernichtungslagern aufsteigenden Todesschrei das Kreuz Jesu als die darauf immer schon gegebene Antwort entgegenhalten. Ebenso wird sie mit *Simone Weil* darauf bestehen, dass Gott den Unglücklichen nicht straft, sondern sich ihm mit besonderer Liebe zuwendet und so seinem Leiden Sinn verleiht. Dabei richtet sie sich mit ihrem Hauptziel darauf, den herrschenden Trend vom Glauben zum Unglauben umzukehren und den Glauben als die wahre Gestaltkraft der privaten und öffentlichen Verhältnisse zu erweisen.

Eine Theologie, die ihrer Eigenverantwortung bewusst ist, muss die Glaubensvermittlung als eine ihrer Hauptaufgaben begreifen. Dabei wird sie sich daran erinnern, dass Paulus bei seiner zentralen Glaubensbestimmung (Römer 10,9) zuerst vom Bekenntnis und Zeugnis spricht. Gleichzeitig wird sie aber auch die Sorge des Apostels teilen: »Wie sollen sie glauben, wenn ihnen niemand verkündet?« Deshalb wird sie den Glaubenden die mit ihrem Glück verbundene Zeugnispflicht einschärfen und ihnen zugleich verdeutlichen, dass sie dieser mehr noch durch das Zeugnis des gelebten Glaubens als durch das worthafte Bekenntnis genügen sollten. Angesichts der offenkundigen Vermittlungsdefizite wird sie dafür aber auch die glaubensvermittelnde Effizienz von Literatur, Kunst und Musik in Anspruch nehmen. Denn der große Dichter und Künstler verfügt über einen eigenen Zugriff auf das religiöse Mysterium, der ihn bisweilen wie im Fall von *Dantes* »Göttlicher Komödie«, *Grünewalds* »Isenheimer Altar«, von *Raffaels* »Verklärung«, *Rembrandts* »Auferstehung«, *Bachs* »Matthäuspassion« und *Beethovens* »Missa solemnis« zur Eröffnung neuer Perspektiven befähigt. Darin schließt sich der Ring zur neuen Theologie, die den Glauben gleichfalls dadurch zu fördern sucht, dass sie ihn im Rückgriff auf seine Mitte und deren Besiegelung durch die Auferstehung Jesu auf neue Weise zum Leuchten bringt.

Eine Theologie, die sich ihrer Weltverantwortung bewusst ist, kann die politische und gesellschaftliche Gestaltung der

Zukunft nicht sich selbst überlassen; vielmehr muss sie sich vielfach, insbesondere aber in der Frage der Fundamentierung des im Entstehen begriffenen europäischen Hauses einmischen. Wenn dieses Haus nicht von den Prinzipien der Liberalität, Solidarität und Toleranz getragen wird, ist sein Ruin absehbar. Aufgabe der neuen Theologie wird es daher sein, diese vermeintlichen Errungenschaften der Aufklärung als Derivate genuin christlicher Prinzipien zu erweisen und ihre Herkunft aus dem Geist der Freiheit, Barmherzigkeit und Geduld herauszustellen. Denn das Christentum ist nach Paulus die Religion der Freiheit (Galater 5,1); es brachte durch den Geist der Barmherzigkeit Wärme in die Kältehölle der antiken Gesellschaft. Und nach dem Herrenwort »Wer nicht gegen mich ist, ist für mich« (Lukas 9,20) verpflichtet es seine Anhänger zur Toleranz. Nur darf diese nicht mit Beliebigkeit verwechselt und als Preisgabe des eigenen Wahrheitsanspruchs missverstanden werden. Denn Toleranz ist vom Prinzip her ein Kraftakt, der das Anderssein des anderen »erträgt«, ohne sich ihm schwächlich anzupassen, aber auch ohne tragisch an ihm zu zerbrechen. In einer durch Intoleranz, Hass und Terror geprägten Weltsituation, in der alles auf Verständigung, Versöhnung und Kooperation ankommt, ist das eine Frage des friedlichen Zusammenlebens und damit des Überlebens der Menschheit. Eine Theologie, die aus dem Impuls dessen lebt, der nicht nur den Frieden wie kein anderer brachte (Johannes 14,27), sondern (nach Epheser 2,14) der leibhaftige Friede ist, muss sich mit dem Einsatz ihrer ganzen Kraft gegen den drohenden Rücksturz der Welt in Gewalt und Barbarei zur Wehr setzen und dem von Jesus erstrebten und gelebten alternativlosen Frieden zur Geltung verhelfen. Erst damit wird sie ihren Anspruch, ebenso der Botschaft Jesu wie dem Interesse des Menschen zu entsprechen, wirklich gerecht.

B. DIE RAHMENBEDINGUNGEN

DIE ZEITLAGE

Wir leben in einer utopisch-rückschlägigen Zeit. Sie verlor ihre Identität, als sich der Olymp der Leitgestalten entleerte und der Geist in die Technik abwanderte, die seither das Grundproblem der Metaphysik, das Verhältnis von Möglichkeit zu Wirklichkeit, durch ihre Hervorbringungen abhandelt. Denn sie steht im Begriff, dem Möglichkeitsraum immer neue Segmente zu entreißen und das, was bisher als Utopie eingeschätzt wurde, Zug um Zug zu verwirklichen. So fand mit der Bändigung der Sternenenergie der Mythos des Prometheus seine technische Erfüllung; so verwirklichte sich der uralte Traum von der Sternenreise durch die Eroberung des erdnahen Weltraums; so steht der Mensch mit Hilfe der Evolutionstechnik im Begriff, von einem Produkt der Evolution zu deren Gestalter zu werden. Selbst die größte aller Menschheitsutopien, der Traum vom ewigen Frieden, schien sich zu realisieren, als nach dem Zusammenbruch der Sowjetmacht mit dem neuen Haus Europa eine Zitadelle des Friedens und ein Hort der Friedensverheißung inmitten einer friedlosen Welt entstand.

Dann aber brach nach dem Terroranschlag auf die Symbolgebäude des Kapitalismus die Kriegsfurie erneut über die Welt herein, sodass der rückschlägige Zug der Epoche überdeutlich in Erscheinung trat. Er hatte sich aber auch schon in den das Ende des Zweiten Weltkriegs besiegelnden Atombombenabwürfen über japanische Städte, in dem mit der Raumfahrt möglich gewordenen »Krieg der Sterne« und in den bedrohlichen Folgen der Genmanipulation angekündigt. Nachdem der durch den Irakkrieg stimulierte Terrorismus der Eröffnung eines dritten mit bisher ungeahnten Mitteln ausgetragenen Weltkriegs gleich kam, hat sich das Verhältnis von Möglichkeit zu Wirklichkeit in sein bedrohliches Gegenteil verkehrt, sodass alles, was heute noch »steht«, dem Rücksturz in seine bloße Möglichkeit ausgesetzt ist.

Davon war, zusammen mit der conditio mundana, auch die conditio humana betroffen. Denn mit den technischen Errungenschaften gerieten, wie *Sigmund Freud* hellsichtig erkannte, die durch den »Tod Gottes« freigesetzten Attribute in die Verfügungsgewalt des Menschen, als dessen, wie *Friedrich Nietzsche*, der Prophet des Gottestodes, vermerkte, »schönste Apologie«: durch die Raumfahrt ein Anteil an göttlicher Allgegenwart, durch die Nachrichtentechnik ein Anteil an göttlicher Allwissenheit, durch die Nukleartechnik ein Anteil an göttlicher Geschichtsmacht und durch die Evolutionstechnik ein Anteil an göttlichem Schöpfertum[1]. Niemand erkannte klarer als Nietzsche[2], dass damit aber auch der Hybris und der möglichen Selbstzerstörung des Menschen Tür und Tor geöffnet wurden. Der Schöpfer der »Brave New World« (*Huxley*) drohte, wie *Franz Werfel* es in seinem utopischen Reisebericht »Stern der Ungeborenen« ankündigte, auch zu ihrem Vernichter zu werden.

Wenn die Errungenschaften der Technik letztlich dem von Nietzsche proklamierten Tod Gottes entstammen, steht die gesamte Lebenswelt der Gegenwart, wie man nur erschaudernd wahrnehmen kann, im Zeichen eines nicht nur faktischen, sondern strukturellen, aus den Grundentscheidungen des Zeitalters hervorgegangenen Atheismus. Von daher sind alle Positionen des Glaubens einem kaum erst wahrgenommenen Erosionsprozess ausgesetzt. Was hat der Christusglaube dem entgegenzusetzen?

DIE GLAUBENSWENDE

Was die conditio religiosa anbelangt, so ergibt sich daraus eine insgesamt negative Bilanz: Hier drohen die negativen Erscheinungen die verheißungsvollen Aufbrüche zu verdecken. Nach dem Aufschwung, den die Sache des Christentums nach dem Zweiten Vatikanum genommen hatte, geriet diese zunehmend in die Defensive. Denn die vom Konzil betriebene Öffnung stieß nicht auf die erwartete Resonanz, sondern auf zunehmende Befremdung und Ablehnung. In der Frage des Schwangerschaftsabbruchs, der Genmanipulation, der Wiederverheiratung Geschiedener und der Legitimierung gleichgeschlechtlicher Lebensgemeinschaften bezog die Gesellschaft mehrheitlich kirchenkritische Positionen. Das Missverhältnis vertiefte sich noch, weil die Kirche auf Fragen antwortete, die niemand stellte, und weil sie die von ihr erhofften Auskünfte auf brennende Zeitfragen schuldig blieb. Das hätte das Christentum zweifellos ins Abseits drängen können, wenn nicht sein Geist dagegen Einspruch erhoben hätte. Sein Einspruch erfolgte in Gestalt der glaubensgeschichtlichen Wende, die das religiöse Geschehen unterschwellig, deshalb aber nicht weniger wirksam bestimmt.

Die Wende betraf zunächst den Umschwung vom Gehorsams- zum Verstehensglauben. Denn der sich in seiner Mitteilung offenbarende Gott spricht zur Welt, wie der große Apologet *Maurice Blondel* betonte, nicht im Stil eines keinen Widerspruch duldenden Ukas, sondern in der Absicht, mit seinem Wort vom Menschen verstanden und gläubig angenommen zu werden. Weil dieses Verstehen mit dem Herzen erfolgt, richtet sich das gläubige Interesse auch weniger auf die zum Ziel der Absicherung formulierten Dogmen als vielmehr auf den von ihnen umschriebenen Inhalt. Dem entspricht die Wende vom Satz- zum Erfahrungsglauben. Weil der Glaube dabei in seinem Zusammenhang mit der Liebe erscheint, geht es ihm auch nicht mehr allein um das individuelle Heil, sondern ebenso um das der Mitglaubenden. Dem entspricht schließlich die Wende vom Leistungs- zum Verantwortungsglauben[3].

DIE INVERSION

Doch all das hätte noch nicht genügt, um dem um sich greifenden Akzeptanzverlust Einhalt zu gebieten. Indessen kam zu den genannten Umschwüngen ein weiterer hinzu: die Wende vom Gegenstands- zum Innerlichkeitsglauben. Denn die ganze bisherige Entwicklung stand im Zeichen einer Wende, die sich im Gefolge der Auferstehung Jesu vollzog. Wie *Anton Vögtle* nachwies, wurde unter dem Eindruck seiner Erhöhung der Glaubende zum Geglaubten, der Botschafter zur Botschaft und der Lehrer zur Lehre[4]. Dadurch wurde er in das Gehäuse einer mehrfachen – doktrinalen, kerygmatischen und liturgischen – Vergegenständlichung eingeschlossen. Aus dem Jesus des Glaubens wurde der Christus des Dogmas, und das nicht ohne schwerwiegende Veränderungen seines von den Evangelien gebotenen Bildes.

Im Gefolge der in Gang gekommenen Wende geschah dann aber das für den weiteren Gang der Glaubensgeschichte Entscheidende: Der Schrein der Vergegenständlichungen öffnete sich und gab den von ihm Verschlossenen zu neuen Initiativen frei. Nun mischte er sich wieder in den Glaubensvollzug seiner Anhänger ein, nun ließ er sich von ihnen fühlen und erfahren. Und nun begann er sie aufs Neue zu belehren, jedoch nicht mehr wie damals, auf den Fluren Galiläas und in der Säulenhalle Salomons, sondern als der ihnen einwohnende inwendige Lehrer, also nicht in Form verbaler Äußerungen, sondern in Form von Insinuationen und Erleuchtungen[5]. Wichtiger als die Frage der Äußerungen ist jedoch der Umstand, dass er das Glaubens- und Gebetsgeschehen an sich reißt. Seitdem kann von dem Ternar der krönenden Tugenden Glaube, Hoffnung, Liebe nicht mehr nur im Sinn menschlicher Akte gesprochen werden. Vielmehr wirkt Christus als der »lebendige Glaube«, wie ihn der Märtyrerbischof *Ignatius von Antiochien* nannte, beim Zustandekommen des Glaubens mit. Desgleichen hilft er als die leibhaftige Hoffnung (nach Kolosser 1,27) zu hoffen. Vor allem aber setzt er der menschlichen Liebesunfähigkeit, von der *Joseph Ratzinger* spricht, dadurch ein Ende, dass er sich selbst in den Seinen liebt[6].

Das aber hat aus christlicher Sicht auch eine Änderung der conditio humana zur Folge. Jetzt bestätigt sich, dass das Christentum nicht die Religion der Disziplinierung, sondern die der Erhebung des Menschen zum Rang und Stand der Gotteskindschaft ist. Wie der mit göttlichen Attributen ausgestattete Mensch nach *Freud* zum »Prothesengott« avancierte, so wachsen dem Gotteskind »Arme« und »Flügel« zu, mit denen es sich über seinen angestammten kreatürlichen Stand erheben und sich zu Aktivitäten erheben kann, die ihm von Haus aus unerreichbar sind. Mit Paulus kann der zum Gotteskind Gewordene gestehen: »Ich vermag alles in dem, der mich stärkt.« (Philipper 4,13)

DIE BEWÄLTIGUNG

Für Paulus wurzelt das Gefühl der allem trotzenden Bestärkung in dem Erlebnis, von Christus ergriffen, durchdrungen, erfüllt und inspiriert zu sein. Und für ihn galt eine vergleichbare Bestärkung auch denen, die sich zu Gotteskindern angenommen wussten. Inzwischen ist aber beides, mit dem Fundamentaltheologen *Gottlieb Söhngen* gesprochen, zu einem »vergessenen Gegenstand« geworden[7]. Wenn im Zeitgeschehen ein Wandel zum Besseren eintreten soll, muss dieser Vergessenheit ein Ende gesetzt werden. Denn der Neubeginn muss im Selbstverhältnis der Menschen seinen Anfang nehmen.

Dem stehen jedoch schwere Hemmnisse entgegen, da der heutige Mensch, gerade auch in Zentraleuropa, von Ängsten bedrängt, von Resignation und Defätismus angefochten und durch den von *Nietzsche* beschworenen »Geist der Schwere« niedergedrückt ist. Deshalb muss der Neubeginn zunächst mit einem Exorzismus gewagt werden, der darauf ausgeht, diesen Ungeist auszutreiben und den Menschen wieder aufatmen zu lassen. Doch wie?

Dem Menschen muss klar gemacht werden, dass ihm mit dem im Entstehen begriffenen neuen Haus Europa ein Ziel gesetzt ist, das ihm eine friedvolle Zukunft in einer hoch qualifizierten Völkergemeinschaft verspricht, gleichzeitig aber auch sein Engagement einfordert. Ein derartiges Zielbild bannt nicht nur die Lethargie, sondern setzt auch die brachliegenden Energien frei und weckt die Bereitschaft, sich für seine Verwirklichung einzusetzen. Was aber die die gegenwärtige Lebenswelt verdüsternde und lähmende Angst anlangt, so muss nach Jahrhunderten eines gegenteiligen Anscheins endlich die Angst überwindende Qualität des Christentums wieder entdeckt und weltweit glaubhaft gemacht werden. Nur von den Dämonen sagt ein Schriftwort, dass sie »glauben und zittern«. Dem Menschen aber gilt das Jesuswort: »Keine Angst, glaube nur!« (Markus 5,36)[8]

Wenn er erst einmal dem lähmenden Bann der Angst entrissen und auf neue Weise zu sich selbst gebracht ist, wachsen ihm auch die Kräfte zu, die er für die Bewältigung der auf ihn zukommenden Aufgaben benötigt. Die gewinnt er aber nicht, wie *Nietzsche* und *Freud* meinten, durch den Griff nach den durch den Tod Gottes freigesetzten Attributen, sondern durch den, der durch den Glauben in seinem Herzen Wohnung nimmt, um dort sein Helfer zur Selbsthilfe und der Grund seiner definitiven Selbstfindung zu sein. So kann er aus voller Überzeugung mit Paulus sagen: »Ich vermag alles in dem, der mich stärkt.«

C. DIE EINORDNUNG

Warum eine neue Theologie? Ist denn in Sachen Christentum nicht längst schon alles gesagt? Hat die Kirche den Glauben nicht mit aller Deutlichkeit in ihren Dogmen festgeschrieben? Hat die exegetische Wissenschaft nicht mit Hilfe der historisch-kritischen Methode die Fragen der Bibelwissenschaft überzeugend beantwortet? Wird den Menschen nicht immer wieder gesagt, wie sie ihr Leben im christlichen Sinn gestalten sollen?

DIE BEDRÄNGENDEN FRAGEN

Doch diese vermeintlichen Klarheiten sind von Zweifeln begleitet. Ist denn der *Glaube*, so ist zu fragen, nicht dynamischer, als dies in den dogmatischen Festschreibungen zum Ausdruck kommt? Steht die *exegetische Forschung*, wie es doch sein müsste, in lebendiger Fühlung mit dem, der sich in den biblischen Schriften *selber aussagt*? Und antwortet die *Kirche* mit ihren Anweisungen auch wirklich auf die Fragen, die die Menschen an sie richten?

Um dabei einzusetzen, so herrscht doch weithin der gegenteilige Eindruck, dass die Kirche auf Fragen antwortet, die niemand stellt, und die Antwort auf Fragen schuldig bleibt, die die Menschen existenziell bewegen. Warum wiederholt angesichts der permanenten Kriegsdrohungen niemand den aktuellen Satz des unvergessenen Konzilpapstes *Johannes XXIII.*, dass der Krieg angesichts der Atomrüstung zahlreicher Staaten nicht mehr als Mittel der Bewältigung politischer und sozialer Konflikte in Betracht gezogen werden kann, dass er also, einfacher ausgedrückt, aufgehört hat, die Fortsetzung der Politik mit anderen Mitteln zu sein?

Wer gibt dem heutigen Menschen Antwort auf die ihn bedrängende Frage nach dem Wert und Sinn seines Lebens? Wer sagt ihm, dass man angesichts des sich täglich mehrenden Leids der Welt erst recht an Gott glauben kann? Wer beweist ihm, dass das Christentum mit Recht die Spitzenposition unter den Weltreligionen für sich in Anspruch nimmt? Wer nimmt ihm das drückende Joch der Lebensangst in diesem Zeitalter der sich ständig mehrenden Ängste von seinen Schultern? Und wer hilft ihm noch hoffen, trotz der alle bedrückenden kollektiven Depression?

DIE ANTWORT

Das könnte, um nochmals die Vorfragen aufzugreifen, nur eine Botschaft, die *aus der Mitte des Christentums* käme, wenn freilich aus einer Mitte, die neu entdeckt werden muss. Aber leistet das die Bibelwissenschaft, die sich zwar professionell auf die Texte versteht, aber kaum auf den, der in ihnen zu Wort kommen will? Und leistet das die in den Dogmen festgeschriebene Kirchenlehre, der es doch mehr auf den feststehenden Buchstaben als auf den lebendig machenden Geist ankommt?

Das alles spricht für die Neue Theologie, deren Aufgabe damit bereits klar umschrieben ist: Sie müsste sich zuerst den Weg in die Mitte des Christentums bahnen, sodann in deren Licht das Evangelium deuten und schließlich mit dessen Botschaft die Fragen des heutigen Menschen beantworten.

FASSADE UND INNENRAUM

Das Christentum bietet, im Bild gesprochen, den Anblick eines gewaltigen Domes mit einer von zahlreichen Figuren und Szenen geprägten Fassade, die den Besucher mit ihrem Skulpturenreichtum derart überwältigt, dass er davor wie gebannt stehen bleibt. Wenn er dann dennoch eintritt, umgibt ihn ein Dunkel, an das sich sein Auge nur langsam gewöhnt. Dann aber tauchen vor seinem staunenden Auge die von einer Lichtfülle durchfluteten Glasbilder auf, in denen er denselben Szenen wie an der Fassade begegnet, jetzt aber eingetaucht in ein goldschimmerndes Licht. Die größte Überraschung erwartet ihn beim Rückblick. Während er über dem Portal die Szene mit dem Weltgericht erblickt hatte, entdeckt er nun die in vielfarbigem Licht erstrahlende Himmelsrose, die er spontan als das Ziel des Weltgeschehens und seiner eigenen Lebenserwartung begreift.

RECHT UND ZIEL

Dieses Bild antwortet auf die Frage nach dem Recht und Ziel der Neuen Theologie. Ihr Recht besteht darin, dass es diesen Innenraum gibt und dass er als solcher darauf wartet, betreten, erlebt und eingenommen zu werden. Denn das Christentum ist, im Unterschied zu dem von der Fassade erweckten Eindruck, keine moralische, sondern eine therapeutische und mystische Religion. Die Zielsetzung der Neuen Theologie aber besteht darin, die Menschen zum Eintritt in diesen Innenraum zu bewegen. Was sie dort erwartet, ist fürs Erste die aus dem Geheimnisdunkel aufscheinende Lichtfülle, verstanden als das Licht des bedingungslos liebenden Gottes, das sich selbst auslegt in die Bilder der vielen Mysterien und in die sie krönende Vision der Himmelsrose. Das vermittelt dem Betrachter den Eindruck einer ihn der Lebensangst entrückenden Geborgenheit, einer umfassenden Orientierung, die mit ihren Bildern zugleich auf seine Sinnfrage antwortet, und das Erlebnis eines zuvor nie gefühlten Friedens, damit aber auch der Verpflichtung, sich allen Erscheinungen des Hasses und der Gewalt zu widersetzen und für eine vom Geist der Freiheit, der Solidarität und Toleranz bestimmte Welt einzusetzen.

D. BRAUCHT DIE GESELLSCHAFT RELIGION?

Ist die Neue Theologie kein Luftschloss? Ist sie nicht ins Bodenlose gebaut? Denn Boden hätte sie doch nur, wenn in der heutigen Lebenswelt wenigstens ein Bedürfnis nach Religiosität bestünde. Das aber ist angesichts des sich ozeanisch ausbreitenden Atheismus sehr zu bezweifeln.

DIE DIAGNOSE

Der Atheismus ist, näher besehen, nur die Speerspitze des Säkularismus, der seit der Aufklärung das öffentliche Bewusstsein zunehmend prägt und beherrscht. Er stellte zunächst die als Bevormundung des selbstständigen Denkens (*Kant*) empfundene kirchliche Autorität, dann die Autorität der Bibel (*Lessing*) und schließlich die Autorität Gottes (*Wust*), ja Gott selbst in Frage (*Marx*). Begleitet wurde dieser destruktive Vorgang von den »drei Kränkungen«, von denen *Sigmund Freud* gesprochen hatte: von der Bestreitung der Zentralstellung der Erde durch *Kopernikus*, von der Bestreitung der Sonderstellung des Menschen durch *Darwin* und von der Bestreitung der Autarkie des menschlichen Bewusstseins durch *Freud* selbst. Seit *Kopernikus*, so hatte *Nietzsche* behauptet, bewegt sich der Mensch auf einer schiefen Bahn; und seither rollt er unaufhaltsam ins Nichts. Die Konsequenz des Atheismus, das wollte er damit sagen, ist der Nihilismus. Gibt es auf dieser abschüssigen Bahn kein Halten? Spricht nichts gegen diese pessimistische Zeitdiagnose?

DIE INVERSION

Sie selbst spricht dagegen! Denn es ergeht dem modernen Menschen wie Faust, der in dem »Nichts« Mephistos »das Sein zu finden« hofft. Der Nihilismus führt aus innerer Konsequenz zur Wiedergeburt des Religiösen. In der globalisierten Welt kommt es unvermeidlich zu einer Annäherung und in ihrer Folge zu einer »Horizontverschmelzung« der authentischen Religionen (*Gadamer*) mitsamt den geradezu aus dem Boden schießenden Religionsformen, die man als deren Derivate bezeichnen könnte.

Diese »Dialektik des Säkularismus«, wie man den Vorgang im Blick auf *Adornos* und *Horkheimers* »Dialektik der Aufklärung« nenne könnte, führt zwar zu einer Verstärkung des religiösen Potenzials in der »entsakralisierten« Lebenswelt der Gegenwart, doch beschwört sie zugleich eine zweifache Gefahr herauf, die nicht deutlich genug angesprochen werden kann. Einerseits die Gefahr einer sklerotischen Verhärtung der in diesen Prozess hineingerissenen Konfessionen, also die Gefahr der fundamentalistischen Abschottung, andererseits die Gefahr der Grenzverwischung und Amalgamierung, wie ihr die pluralistische Religionstheorie das Wort redet. Wenn aber die sich anbahnende Horizontverschmelzung einen Sinn hat, dann gewiss weder den des Bezugs von Rückzugspositionen, wie sie der Fundamentalismus anstrebt, noch den der Gleichschaltung, wie sie die nivellierende Religionstheorie befürwortet, sondern einzig und allein den des im Geist der Toleranz aufgenommenen Dialogs.

DER DIALOG

Das aber ist die Stunde der Neuen Theologie. Ihr geht es zentral um die Wiedergewinnung der ins Zwielicht geratenen Identität des Christentums. Und sie geht davon aus, dass diese nur im Rückgang auf die weithin verdunkelte Mitte des Christentums zu gewinnen ist. Nicht weniger ist ihr bewusst, dass sie nur in dem Maß dialogfähig ist, wie sie sich in dieser Mitte verankert und sich von ihr erleuchten und bewegen lässt.

Bei diesem Dialog geht es aber nicht so sehr um den Kontakt mit den neureligiösen Sonderformen als vielmehr – und in erster Linie – um den Dialog mit den Weltreligionen und unter ihnen vorrangig um den mit den »Abrahamsreligionen« Judentum und Islam. Wenn es nicht nur zu einer Wiedergeburt des Religiösen, sondern um eine Zurückdämmung, wenn nicht gar zu einer Überwindung des Atheismus kommen soll, wird das nur der zusammengefassten Energie aller gelingen, die sich zum Gottesglauben bekennen.

Freilich stehen dem die schweren Konflikte im Weg, die das Verhältnis dieser Religionen bis in die Gegenwart hinein belasten. Doch die Einsicht in die ihnen drohende und gemeinsam zu bannende Gefahr könnte – und müsste – sie zu einer Revision ihres bisherigen Verhaltens veranlassen. Erst recht müsste sie dazu die auf der Welt lastende permanente Kriegsdrohung bewegen. In Erinnerung an den ihnen ursprünglich eingeschriebenen Frieden müssten sie sich an die Spitze all derer stellen, die sich gerade in dieser kritischen Stunde für die Verwirklichung der größten aller Menschheitsutopien einsetzen. Und sie müssten sich dazu in der Überzeugung bereit finden: Wo Eintracht und Friede walten, da ist Gott.

E. ZEIG UNS DEN VATER!

Wie das Christentum sein Existenzrecht nur mit dem Nachweis begründen kann, dass es, gestützt auf seinen Stifter, über eine Neuentdeckung Gottes verfügt, kann sich die Neue Theologie nur damit rechtfertigen, dass sie gegen die modischen Tendenzen der Verdunkelung des Gottesbildes dem von Jesus entdeckten, verkündeten und erlittenen Gott zum Durchbruch verhilft. Dabei bezieht sie sich auf eine Stelle des Johannesevangeliums, in der Jesus die Bitte »Zeig uns den Vater!« mit dem Vorwurf beantwortet: »Solange bin ich schon bei euch, und ihr kennt mich noch immer nicht. Wer mich gesehen hat, der hat auch den Vater gesehen.« (Johannes 14,8f.)

Mit dieser Antwort nimmt Jesus für sich in Anspruch, tiefer als jeder andere Religionsstifter ins Gottesgeheimnis eingeweiht zu sein und die Seinen in dieses eingeführt zu haben. Er gibt sogar damit zu verstehen, dass das Gottesgeheimnis in ihm aufscheint, sodass er als die leibhaftige Selbstdarstellung Gottes zu gelten hat. Wenn das begreiflich werden soll, muss es sich in seinem Lebenswerk und seiner Lebensgeschichte spiegeln.

DIE LEBENSGESCHICHTE

Jesus trat in einer denkbar kritischen Stunde in die Menschheitsgeschichte ein. Sein vom römischen Imperium unterworfenes Volk litt unter einer repressiven Verwaltung und einer rigorosen Steuergesetzgebung. Das gab den Kräften Auftrieb, die das verhasste Joch abschütteln und den, wenngleich verzweifelten, Freiheitskampf gegen Rom entfesseln wollten. Jesus aber wusste: Wenn es dazu kommt, wird kein Stein auf dem anderen bleiben. Deshalb sprach er sich ebenso nachhaltig wie kompromisslos für den Weg der Gewaltlosigkeit aus, und das keineswegs als Utopist. Denn der Wechsel von judenfeindlichen und wohlwollenden Kaisern zeigte, dass es sehr wohl politische Konstellationen gab, in denen ein freieres Israel hätte zu Stande kommen können. Doch Jesus stieß zunehmend auf Ablehnung und Anfeindung. Und mit dem Vorwand, dass er eine politische Gefahr sei, wurde er schließlich ans Kreuz geschlagen.

Hinter diesem äußeren Konflikt verbarg sich ein tief religiöser. Denn die Befürworter der Gewalt beriefen sich auf einen Gott des Zorns und fühlten sich als die prätentiösen Vollstrecker seines Strafgerichts. Jesus aber durchschaute das zwischen Barmherzigkeit und Strafgerechtigkeit oszillierende Gottesbild seiner Gegner – und damit das der gesamten Religionsgeschichte – als eine Projektion des zwischen glücklichen und leidvollen Geschichts- und Lebenserfahrungen schwankenden Menschen. Und er setzte alles daran, um den von Angst und Hoffnung gewobenen Schleier vom Bild Gottes zu entfernen und das wahre Antlitz Gottes zum Vorschein zu bringen. Doch worin bestand es?

DIE LEBENSLEISTUNG

In der Versuchungsszene stand Jesus vor der Alternative, sich entweder dem drohenden Schicksal zu entziehen oder den Todesweg mit allen seinen Konsequenzen zu beschreiten. Wenn das nicht, wie der amerikanische Autor *Jack Miles* annimmt, einem Selbstmord gleich kam, musste sich das Verhältnis Jesu zum Tod auf diesem Weg grundlegend geändert haben. Dann war der Tod für ihn nicht mehr wie für jeden anderen die äußerste Zumutung, sondern ein göttliches Ansinnen, auf das er eingehen durfte. Dann aber hörte Gott für ihn auf, der das Todesschicksal verhängende Herr über Leben und Tod zu sein, und er wurde für ihn definitiv zum Vater, der ihn – wie den verlorenen Sohn – in die Geborgenheit des Vaterhauses rief. Wenn die Entscheidung schon in der Versuchungsstunde gefallen war, konnte er sich immer schon mit der ehrfürchtig-zärtlichen Anrufung »Abba – Vater« zu seinem Gott bekennen. In dieser Anrufung bekundet sich seine Bahn brechende Großtat, die ihn als den größten, wenngleich sanften Revolutionär der gesamten Religionsgeschichte erweist. Denn diese war von Anfang an im Bild des ambivalenten, als Koinzidenz von Faszination und Schrecken erscheinenden Gottes befangen. Im Bruch mit ihr verhalf er der Menschheit zum Wissen um den Gott der befreienden und rettenden Eindeutigkeit.

DIE GROSSTAT

Denn mit seiner Anrufung Gottes durchbrach er die Mauer der göttlichen Unnahbarkeit. Mit ihr überbrückte er den Abgrund der Gottesferne. Und mit ihr schuf er Zugang zum Herzen Gottes. Indessen sprach er damit nur aus, was er war. Er konnte Gott Vater nennen, weil ihn dieser aufgrund seiner Einwilligung in den Tod in ein Kindesverhältnis zu sich aufgenommen hatte. Vollends bestätigte sich das, als Gott seinen Todesschrei mit dem rettenden Selbsterweis beantwortet, der ihn dem Tod entriss und im Ereignis seiner Auferweckung mit der göttlichen Lebensfülle beschenkte. Deshalb sind Auferstehung und Gottessohnschaft schon für die Urkirche Wechselbegriffe. Als Auferstandener ist der Gekreuzigte definitiv zum Gottessohn erhoben, und das mit weit reichenden Folgen. Denn als Auferstandener wurde der Urheber des Glaubens zum Geglaubten, der Botschafter des Gottesreiches zur Botschaft und der Lehrer zum Inbegriff der Lehre.

Mehr noch: In seinem Antlitz tritt der verborgene Gott in Erscheinung. In seinem Reden kommt der verschwiegene Gott zur Sprache. Und in seinem Wirken tritt der zurückhaltende Gott in Aktion, während Jesus umgekehrt an Stelle Gottes tätig wird (*Fuchs*). Darauf spricht Jesus die Jünger in der johanneischen Gesprächsszene an, wenn er ihnen vorwirft, ihn trotz des täglichen Umgangs mit ihm noch immer nicht erkannt zu haben, und wenn er diesen Vorwurf mit dem Satz bekräftigt: »Wer mich gesehen hat, der hat auch den Vater gesehen.«

Darauf bezieht sich die Neue Theologie. Denn sie hat von Paulus gelernt, in Jesus das große, alles umgreifende Gottesgeschenk zu sehen (Römer 8,32). In ihm hat aber Gott nicht nur alles gegeben, sondern auch alles mitgeteilt und gesagt. In ihm hat er den sein Geheimnis verhüllenden Schleier abgeworfen. Denn in ihm tritt das seit Ewigkeit in Gott Verborgene ans Licht, von dem der Exeget *Ernst Fuchs* sagte: Es ist das Menschliche. Damit nimmt der Weg der Neuen Theologie eine unerwartete Wende. Bevor sie ihre Richtung weiter verfolgen kann, muss sie sich dem Empfänger der göttlichen Selbstmitteilung zuwenden, dem Menschen.

F. ZEIGE MIR DEN MENSCHEN!

Der Dialog des altchristlichen Apologeten *Theophil von Antiochien* mit seinem heidnischen Kontrahenten *Autolykos* beginnt mit dessen Aufforderung: »Zeige mir deinen Gott!« Das unterläuft der Christ mit dem Ansinnen: »Zeige mir zuerst den Menschen in dir, dann will ich dir meinen Gott zeigen!« Damit verweist er die Gottesfrage auf eine bisher zu wenig berücksichtigte Spur. Er bindet das Schicksal des Gottesglaubens an das des Menschen. Wenn nach zahlreichen Anzeichen der Gottesglaube im Schwinden begriffen ist, muss demnach zuerst gefragt werden, wie es um den Menschen der Gegenwart bestellt ist.

DER PROTHESENGOTT

Bekanntlich war *Nietzsche* der Ansicht, dass durch den von ihm verkündeten Tod Gottes die göttlichen Attribute wie Allgegenwart, Allwissenheit und Schöpfermacht freigesetzt und für den Menschen verfügbar geworden seien, dass also der Mensch im selben Maß, wie Gott aus dem Bewusstsein der Zeit verschwinde, über sich hinauswachse. Und er gab damit ein Signal, welches das Zeitgeschehen zentral bestimmt. Denn die moderne Hochtechnik ging darauf ein und folgt seitdem dieser Zielvorgabe. In der Raumfahrt reißt sie einen Anteil an göttlicher Allgegenwart an sich, in der Nachrichtentechnik einen Anteil an göttlicher Allwissenheit und in der Evolutionstechnik einen Anteil an göttlichem Schöpfertum. Wenn man aber fragt, wozu es der Mensch aufgrund dieser Errungenschaften gebracht habe, antwortete *Sigmund Freud*, der als erster diese Konsequenzen aus dem »Tod Gottes« zog: zu der skurrilen Figur eines Prothesengottes; denn er nutze diese Anteile nach Art schwer handhabbarer Hilfsorgane. Indessen stehe er unverkennbar im Begriff, über seinen bisherigen Stand hinauszuwachsen. Unverkennbar ist aber auch die atheistische Vorentscheidung dieses »Zuwachses« (*Blondel*), aufgrund deren die von dieser Entwicklung dominierte Gegenwart als die Zeit eines strukturellen Atheismus bezeichnet werden muss.

Doch in *Freuds* Zielbestimmung meldet sich eine unverkennbare Skepsis zu Wort. Denn die Befindlichkeit des heutigen Menschen entspricht keineswegs der optimistischen Prognose. Statt über sich hinauszuwachsen, verfällt der Mensch einer kollektiven Depression. Statt des zu erwartenden Hochgefühls bemächtigt sich seiner der von *Nietzsche* beschworene »Geist der Schwere«, der sich lähmend auf sein Denken und Schaffen legt. Wie zeigt sich also der Mensch, nach dem *Theophil* seinen Kontrahenten befragte?

DER PROBLEMKERN

Mit »depressiv« ist diese Frage nur im emotionalen Sinn und darum unzulänglich beantwortet. Seitdem *Heinrich von Kleist* in seinen Werken unablässig das menschliche Identitätsproblem umkreiste, ist deutlich, dass der humanistische Optimismus, der mit *Ulrich von Huttens* Ruf »Es ist eine Lust zu leben« begann und sich bis zu *Fichtes* Idee der menschlichen »Selbstsetzung« steigerte, in der Romantik in sein radikales Gegenteil umschlug. Seitdem ist der zeitgenössische Mensch unablässig dabei, sich, *Gottfried Benn* zu Folge, »ein Stichwort« der Selbstfindung zu borgen, doch ohne zu wissen, »bei wem«. In dieses Defizit stieß der Marxismus mit dem Angebot hinein, die fehlende Idee der Gesellschaft zu entnehmen. Noch verführerischer wirkte auf viele das Ansinnen der terroristischen Gewaltregime, mit dem empfundenen Mangel in das Über-Ich des Diktators einzutauchen. Und nahezu widerstandslos unterwirft sich jeder der persuasiven Diktatur der Medien, die den Menschen wirksamer als durch alles Zureden durch ihre Suggestivität zur »Eindimensionalität« (*Marcuse*) des Denkens und Verhaltens überreden (*Postman*). Wie soll dieser Mensch im getrübten Spiegel seines Inneren das Bild des alle Nennungen und Vergleiche übersteigenden Gottes erkennen?

Wenn sich hinter *Nietzsches* These vom Tod Gottes der Mensch in seiner Identitätsnot verbirgt, ist der Atheismus keineswegs eine ebenbürtige Alternative zu Religion und Glaube, sondern eine Folgeerscheinung des menschlichen Selbstverlustes, anders gesagt: die ideologische Schwundstufe des um seine Identität gekommenen Menschen. Denn der zur Eindimensionalität verflachte und in die Medienabhängigkeit geratene Mensch der Gegenwart verliert ebenso die »Bodenhaftung« in der Gotteswirklichkeit wie den Atemraum in der von Christus umgriffenen Sphäre und damit die Fühlung mit dem ihn tragenden und umfangenden Gott, sodass ihm dieser nur noch als Projektion seiner selbst (*Feuerbach*) und als Illusion (*Freud*) erscheint.

DER NEUBEGINN

Deshalb muss der Anfang mit dem Menschen gemacht werden, wenn dem ozeanischen Atheismus der Gegenwart Einhalt geboten und die mit ihm heraufziehende Gefahr beschworen werden soll. Das wird der Neuen Theologie umso eher gelingen, als es dazu nur einer Erinnerung bedarf. Denn nach Nikolaus von Kues trägt jeder die Antwort auf die Sinnfrage bereits in sich. In der Tiefe seines Herzens vernimmt er den Zuspruch »Sei dein Eigen, dann bin auch ich dein Eigen«, mit dem ihm die innere Stimme ihren Beistand zur Selbstwerdung zusichert. Wenn er sich davon ergreifen lässt, gehen ihm, nach *Theophil*, die »Augen des Geistes und Ohren des Herzens auf«, sodass er auch das Offenbarungswort Gottes vernehmen und sein Bild im Seelengrund wahrnehmen kann. An diesem zu sich selbst und seinem Gott erwachenden Menschen bricht sich die Woge des Atheismus. Mit ihm muss der Anfang gemacht werden. Darin besteht die vordringliche Aufgabe der Neuen Theologie.

G. DIE AUSTREIBUNG

Auf dem Höhepunkt einer Konfliktszene widerspricht Jesus seinen Gegnern, die ihn des Satansbundes bezichtigen, mit den Worten:

Wenn ich aber durch den Finger Gottes die Dämonen austreibe, ist das Reich Gottes schon zu euch gekommen (Lukas 11,20).

Danach sieht er seine Hauptaufgabe darin, die dämonischen Kräfte aus seiner Lebenswelt zu verbannen, um so seinem Ziel, dem Gottesreich, Raum zu schaffen.

DER GEIST DER SCHWERE

Auf die Frage, worin diese Dämonie in der heutigen Lebenswelt vorwiegend besteht, antwortet *Nietzsche* mit dem Hinweis auf seinen schlimmsten Widersacher, den »Geist der Schwere«, den er überall am Werk sieht, wo der Mensch Zwängen und Zwecken unterworfen, unter Satzungen gebeugt und funktionalisiert wird. In der Folge verschärfte *Heidegger* diese Diagnose dadurch, dass er Angst und Sorge als die großen Sorgen der herrschenden Situation ausmachte. Die Sorge, sofern er den Menschen ständig mit Akten des Besorgens und der Fürsorge befasst und dadurch in einem exzentrischen Selbstverhältnis begriffen sah. Gleichzeitig ging er mit *Jaspers* darin einig, dass eine »so noch nie da gewesene Lebensangst« zum unheimlichen Begleiter des modernen Menschen geworden sei. Das fand ein vielfältiges Echo mit der Folge, dass die Gegenwart insgesamt als das »Zeitalter der Angst« (*Auden*) bestimmt wurde. *Heidegger* legte auch den Beweggrund der Lebensangst frei, als er den Tod zum Hauptmotiv seines Denkens erhob. Denn der Tod hat bekanntlich nicht nur den wohltätigen Bruder, den

Schlaf, sondern auch die unheimliche Schwester, die Angst. Sie ist der allgegenwärtige Vorbote des Todes, ja, der immer schon vorweggenommene und vorgefühlte und als solcher der »tägliche Tod«. Wie kann dieser Ungeist ausgetrieben und wie die Angst überwunden werden?

DER FINGER GOTTES

Die Antwort Jesu lautet: durch den Finger Gottes. Damit meint er sein Wirken, sofern er nach *Ernst Fuchs* wagte, an Stelle Gottes zu handeln. So rückt dieses Wirken und mit ihm der Kern des Christentums in einen therapeutischen, die Dämonie des Daseins bannenden Aspekt. Und das Christentum erweist sich dadurch insgesamt als die Religion der Angstüberwindung. In der Konsequenz dessen steht die Neue Theologie vor einer zweifachen Aufgabe: Sie muss den gegenteiligen Anschein, den das Christentum aufgrund seiner pädagogischen Praxis bietet, berichtigen und seine Angst überwindende Gesinnung unter Beweis stellen.

Nach dem Alterswerk von *Oskar Pfister* »Das Christentum und die Angst« kamen alle christlichen Konfessionen, ungeachtet ihrer sonstigen Differenzen, darin überein, dass dem Menschen Gewissens-, Sünden-, Teufels- und Höllenängste suggeriert werden müssten, um ihn zur Akzeptanz ihrer Angebote und Direktiven zu bewegen. *Pfister* war sich aber auch bewusst, dass das einem Verrat am Vermächtnis Jesu gleichkam. Aufgabe der Neuen Theologie ist es daher, dieses Fehlverhalten zurechtzurücken und das Christentum im Rückgriff auf seine Mitte als die Religion der Angstüberwindung zu erweisen. Geht es dabei um den Versuch, den Menschen vor dem Rücksturz ins Bodenlose zu bewahren, so bei dem Versuch, ihm das Joch der Sorge von den Schultern zu nehmen, um die Sicherung seiner Zukunftsfähigkeit. Denn Sorge bindet sein ganzes Interesse an den Augenblick, während sie den Ausblick ins Kommende versperrt oder doch verdüstert. Erst wenn sein Blick wieder frei und die

Angst von ihm gewichen ist, ist die Austreibung des Ungeistes der Schwere wirklich gelungen. Damit hat sich der Kreis der im »Vorbau« zu erörternden Fragen geschlossen; gleichzeitig ist aber auch schon der Grund für die im »Aufbau« zu entfaltenden Aspekte gelegt. Erst im Durchgang durch sie können sich Recht und Anspruch der Neuen Theologie definitiv erweisen.

II. DER AUFBAU

1. DIE BEGRÜNDUNG

Wofür eine neue Theologie?

Trotz aller Gründe, die für das Konzept einer Neuen Theologie angeführt werden, bleibt ein schwer wiegendes Bedenken. Muss denn der, der es auf sich nimmt, davon zu sprechen, nicht mit dem Einwand rechnen, den Jesus selbst mit dem Wort machte:

> *Niemandem, der alten Wein getrunken hat, schmeckt der neue; denn er sagt: der alte ist doch besser. (Lukas 5,39)*

Tatsächlich kann die traditionelle Theologie für sich in Anspruch nehmen, alle Gedankengänge schon vielfach durchgespielt, alle möglichen Fragen längst schon beantwortet und alle Einwände nicht weniger oft zurückgewiesen und widerlegt zu haben. Ebenso kann sie darauf verweisen, dass an ihrer Entstehung und Ausgestaltung Spitzengestalten der Glaubens- und Geistesgeschichte beteiligt waren und dass die von ihr errichteten Systemgebäude den Vergleich mit den architektonischen Meisterwerken der altkirchlichen Basiliken und der romanischen und gotischen Kathedralen nicht zu scheuen brauchen. In einer Zeit, die im Gegenzug zu dem sich auf allen Ebenen abspielenden Wandel religiöse Rückzugspositionen bevorzugt, ist das für viele tatsächlich ein Einwand gegen das Ansinnen, sich auf eine theologische Innovation einzulassen, zumal man damit Risiken eingehen müsste, während das »alte Wahre« (*Pieper*) Sicherheit und Halt verspricht.

DIE ENTFREMDUNG

Zu diesem Einwand kommt ein ungleich schwerer hinzu, den der ingeniöse Bibelleser *Sören Kierkegaard* wiederholt erhoben hat. Er wirft den Architekten philosophischer und theologischer Systemgebäude vor, in dem von ihnen errichteten »hochgewölbten Palast« keine Wohnung für sich selbst vorgesehen zu haben, sodass sie nebenan in einer Scheune, wenn nicht gar in einer Hundehütte hausen müssten[9]. Tatsächlich hatte die Theologie der Vorzeit den Zuspruch *Beethovens* überhört, der sie mit dem im Ton fassungslosen Staunens vorgetragenen »Et homo factus est« seiner ›Missa solemnis‹ daran erinnerte, dass in jeder Aussage über Gott auch der Mensch ausgesagt ist und mit ihr auf seine Würde und Verantwortung hingewiesen wird. Und ebenso wenig zeigte sie sich von dem Angriff *Feuerbachs* betroffen, der ihr mit seiner Reduktion der Theologie auf Anthropologie denselben Tatbestand, nur aggressiv, vor Augen führte[10]. Die Folge war eine fortschreitende Entfremdung der Theologie vom Kirchenvolk, die sich noch dadurch entscheidend vertiefte, dass sie im Interesse ihrer wissenschaftlichen Selbstdarstellung die bildhafte, soziale und therapeutische Komponente in ihrer Ausgestaltung unterdrückte. Sie wurde abstrakt, kalt und steril und verlor zunehmend den Kontakt mit ihrem Adressaten, dem Menschen.

Noch bedenklicher aber war es, dass sie sich damit auch von ihrem Ursprung in Jesus distanzierte, der vorzugsweise in Bildern und Gleichnissen gesprochen, die Gemeinschaft mit den Menschen gesucht und sein Wort durch seine heilende Hand bekräftigt hatte[11]. Doch die damit angesprochene Krise reicht um eine ganze Ordnung tiefer. Sie betrifft, wie neue Trends nur zu deutlich an den Tag legen, das für das Existenz- und Geltungsrecht des Christentums grundlegende Gottesbild Jesu. Das war allerdings solange verdunkelt, als die Christenheit in dem Wahn befangen war, dass der Sache Jesu durch Gewalt gegen Dissidenten und Andersgläubige Geltung verschafft werden könne. Denn in einer Atmosphäre der allgemein akzeptierten Gewalt ist die Theologie bis hinein in ihre Spitzenvertreter gehindert, bis zur Mitte der Gottesverkündigung Jesu vorzudringen.

Mit der Absage an die Gewalt durch das Zweite Vatikanische Konzil und der Verwerfung des Kriegs als Fortsetzung der Politik mit anderen Mitteln (*Johannes XXIII.*) trat dann aber ein einschneidender Wandel ein, der den Blick auf die Gottesbotschaft Jesu freigab und die modischen Trends, die einen Gott des Zorns und des Gerichts befürworteten, als schlimmen Anachronismus erwies[12]. Doch worin bestand dann die für das Christentum konstitutive Gottesbotschaft Jesu? Deutlicher und nachdrücklicher noch gefragt: Worin kann sie nur bestanden haben?

DIE KORREKTUR

Sicher nur in einer Auskunft, die das Lebensrecht des Christentums und seinen Anspruch auf den Rang einer Weltreligion begründet! Denn jede Religion lebt von ihrem Gottesbild, in dem sie ihre Rechtfertigung ebenso wie ihr Eigenprofil gewinnt. Das gilt sogar für den Buddhismus, der die Frage nach der Existenz Gottes letztlich offen lässt, um sich mit voller Kraft der Gestaltung eines sich aus allen Begehrlichkeiten zurücknehmenden Menschseins zuwenden zu können. Das gilt erst recht für das Judentum, dem die Menschheit das Wissen um die welttranszendente Personalität Gottes und damit die Überwindung des Polytheismus verdankt. Und es gilt ebenso für den Islam, der sich durch seinen Begriff des einzigen Gottes ein von keiner anderen Religion erreichtes »kurzgeschlossenes« Gottesverhältnis seiner Gläubigen sichert. Damit ist dann aber auch die unüberbietbare Spitze der »vertikalen« Bestimmungen des Gottesgeheimnisses erreicht.

Doch das Christentum erstrebt seine Identität gerade nicht in einer Überbietung des jüdisch-islamischen Gottesbegriffs, sondern auf dem Weg seiner Korrektur. Denn alle

Religionen der Menschheit, einschließlich der jüdischen und islamischen, kommen in der Annahme eines gleicherweise gütigen wie unnachsichtig strafenden Gottes überein. Nur so glauben sie ihren Anhängern den Zwiespalt im Gang der Weltgeschichte wie der individuellen Lebensgeschichte erklären zu können: Die Vergünstigungen als Hulderweise, die Rückschläge und Katastrophen als Strafen eines ambivalenten, zwischen Güte und Zorn schwankenden Gottes[13].

Für Jesus war diese Ansicht aber keine wirkliche Einsicht in das Gottesgeheimnis, sondern eine menschliche Selbstprojektion, die ihren Urheber, den Menschen, nur in seinem eigenen Zwiespalt spiegelte und festhielt. Dem hielt er als Frucht seiner einzigartigen Gotteserfahrung das mit allen Menschheitstraditionen brechende Bild des vorbehalt- und bedingungslos liebenden Gottes entgegen, der dem Menschen alles schenkt, ihn aber auch aufs äußerste fordert. Nicht umsonst sprach er von dem »Feuer«, das er auf die Erde werfen wolle, um sie damit in Brand zu setzen (Lukas 12,49). Das sprach Jesus, ebenso hellsichtig wie mitreißend, in eine sich abendlich verdunkelnde Zukunft hinein. Den Zeitgenossen, bei denen dieses Bild womöglich die schreckliche Erinnerung an das in einem Feuersturm untergehende Sodom und Gomorra wachrief, sagte er es deshalb nochmals mit dem auf ihre Winzererfahrung anspielenden Bild: »Niemand gießt neuen Wein in alte Schläuche, sonst zerreißt der Wein die Schläuche, und beides geht verloren. Neuen Wein muss man in neue Schläuche gießen!« (Markus 2,22) Er wusste freilich auch, dass keinem, der gerade alten Wein getrunken hat, der neue schmeckt. Daher war er sich der ihm drohenden Ablehnung vollauf bewusst. Da er aber nur den neuen Wein seiner alle überkommenen Vorstellungen sprengenden Gottesbotschaft zu bieten hatte, wusste er auch, dass er sein Lebenswerk zuletzt nur auf dem Leidens- und Kreuzweg ans Ziel bringen konnte.

2. DIE ANSTÖSSE

Die Rechtfertigung

Die Frage lautet: Was spricht ganz konkret für die Neue Theologie? Worin bestehen die aktuellen Anstöße? Die Antwort drängt sich geradezu auf, denn sie ergibt sich aus der Lage der Welt, die in das Unglück eines dritten Weltkriegs hineingerissen zu werden droht, aus dem Defätismus der Christenheit, die vergessen hat, dass sie über den Freudenwein der Botschaft Jesu verfügt, und daher nicht mehr an ihre eigene Zukunft glaubt, und aus der Verfassung des Menschen, der sich, resignierend und genussgierig, mit seinem Leben abzufinden sucht, anstatt nach seiner Erhebung zu dem ihm vom Glauben gewiesenen Hochziel zu streben.

Nach der großen Friedensverheißung der sanften Revolution von 1989 wuchs die Hoffnung, dass die Zeit kriegerischer Auseinandersetzungen ein für alle Mal der Vergangenheit angehörte. Doch diese Hoffnung trog. Erstmals, als ein kleiner, aber blutrünstiger Diktator glaubte, die Türkenkriege, die in seiner Region getobt hatten, durch die endgültige Vertreibung der Muslime siegreich beenden zu können. Vor allem aber, als Amerika auf den terroristischen Anschlag vom 11. September 2001 mit einem Ausbruch von Rachegefühlen, der Verteufelung des Islam und einer kriegerischen Aktion mit höchst zwiespältigen, den Weltfrieden zunehmend bedrohenden Folgen reagierte. Was mit dem freiheitlichen Aufbruch so hoffnungsvoll begonnen hatte, versank zusehends in einer Atmosphäre von Sorge und Angst.

DAS PARADIGMA JESU

Die Weltlage erinnert unmittelbar an die Situation Jesu, der mit seiner Botschaft in einem Augenblick der bis zum Zerreißen gespannten Verhältnisse antrat. Angestachelt von den zum Selbstopfer entschlossenen Zeloten brannte ein Großteil der Bevölkerung auf einen Rache- und Befreiungskrieg gegen die Unterdrückung und Ausbeutung durch die Weltmacht Rom, von dem Jesus vorhersagte, dass er in Tränen, Schutt und Asche enden werde, wie es dann nach der Belagerung Jerusalems im Jahr 70 furchtbare Wirklichkeit wurde. Gestützt auf sein einzigartiges Wissen um Gott, wies er im Gegensatz dazu seinem Volk den Weg der Gewaltlosigkeit, der ihm nach anfänglicher Zustimmung Kritik, Ablehnung und schließlich den Kreuzestod eintrug. Erst seine Auferstehung rief den in der Mentalität ihrer Umwelt befangenen Jüngern sein Wort in Erinnerung: »Frieden hinterlasse ich euch; meinen Frieden gebe ich euch. Nicht wie die Welt ihn gibt, gebe ich ihn euch.« (Johannes 14,27) Jetzt begriffen sie, dass in ihm der leibhaftige Friede bei ihnen eingekehrt war und sie von ihm auf den Rettungsweg verwiesen worden waren. Die politische Entwicklung bewies ihnen überdies, dass sie sich dabei keineswegs einer Utopie verschrieben hatten. Diese Einsicht führte sie schließlich zu dem Bekenntnis: »Er ist unser Friede.« (Epheser 2,14)

ALTERNATIVLOSER FRIEDE

Die Folgerung aus alledem kann nur lauten: Die Neue Theologie muss eine Theologie des *Friedens* sein. Voraussetzung dessen ist ein kathartischer Akt, durch den sie alle gewalthaften Implikate der bisher dominierenden theologischen Vernunft aus ihrem Denken abstreift und ihre Ziele statt durch Ausgrenzung durch Unterscheidung und statt durch Polemik durch Verständigung zu erreichen sucht. Wichtigste Elemente ihrer Strategie sind Aufklärung, Erweckung und

Motivierung. *Aufklärung* über den Untergang der Menschlichkeit im Gefolge jedes Krieges, über die Unterdrückung der Wahrheit durch Propaganda und Lüge, über die zerstörende Wirkung der permanenten Todesangst und über den Absturz der Humanität in Barbarei. Die Aufklärung muss sich in die *Erweckung* eines neuen Friedensbewusstseins fortsetzen, denn in der Redewendung »Krieg und Frieden« wird der Friede bereits an den nächsten Krieg verraten. Wenn der Krieg angesichts der gegenwärtigen Vernichtungspotenziale nicht mehr als Mittel der Austragung politischer, wirtschaftlicher oder sozialer Konflikte in Betracht gezogen werden kann, muss der Friede alternativlos gedacht werden, wie es seiner Zugehörigkeit zu den gleichfalls alternativlosen höchsten Ideen der Menschheit, der Gottesidee, der Idee des Guten, des Wahren und der Freiheit entspricht. So wenig wie der Teufel eine Alternative zu Gott oder das Böse eine Alternative zum Guten ist, ist der Krieg keine Alternative des Friedens, sondern der Inbegriff des Schreckens, der Ängste, der Brutalität und der Barbarei. Das aber ist keine theoretische, sondern eine elementar performative Erkenntnis, die sich spontan in die Motivation zum tätigen Einsatz für die Sache des Friedens umsetzen muss. So sehr es für den Krieg immer »zu früh« ist, ist es für den Frieden nie »zu spät«. Selbst, wenn er verloren scheint, ist und bleibt er die vornehmste und vordringlichste Aufgabe eines jeden, dem es um eine bessere Welt zu tun ist. Doch wer vermag angesichts der gegenwärtigen Weltstunde noch an eine bessere Welt zu glauben? Wenn sich auch kein noch so unverbesserlicher Utopist dazu bereit finden wird, bleibt nur die Rückfrage an den, den selbst sein schrecklicher Tod am Kreuz nicht vom Glauben an das Recht seiner Botschaft abbringen konnte. Wo ist seine Botschaft heute zu hören? Damit wird die Rückfrage an ihn zur Frage an seine Stiftung, das Christentum.

DER STRUKTURELLE ATHEISMUS

Doch der Anstoß zu einem theologischen Aufbruch kommt erst recht aus der conditio religiosa der Gegenwart, die durch das Vordringen von Atheismus und Pseudoreligionen gekennzeichnet ist. Während der Esoterikwelle durch eine stärkere Profilierung des Glaubens Einhalt geboten werden kann, bedarf der Atheismus einer sorgfältigen Analyse, die sowohl seine Erscheinungsformen als auch seinen Antrieb in den Blick nimmt. Dabei erklärt sich seine bestürzende Virulenz nicht mehr wie seine bisherigen Profile aus speziellen Initiativen und Tendenzen, sondern aus dem Grundcharakter des Zeitgeschehens.

Wie bereits deutlich wurde, ist die Gegenwart die Zeit der sich Zug um Zug realisierenden Utopien. Mit ihnen brachte der heutige Mensch, wie *Freud* nachgewiesen hat, göttliche Attribute, wenn auch noch so fragmentarisch, in seine Verfügungsgewalt. Mit ihrer Hilfe avancierte er, dem ironischen Begriffsbild Freuds zufolge, zu einem regelrechten »Prothesengott«. Wie sich dieser bei näherem Zusehen als Zerrbild der Gotteskindschaft entlarvt, hat auch das Geschehen selbst eine religiöse Wurzel, denn die göttlichen Attribute konnten vom Menschen der Gegenwart nur usurpiert werden, weil sie durch den von Nietzsche proklamierten Tod Gottes freigesetzt worden waren. Wenn man von den das Zeitgeschehen tief greifend prägenden Folgen auf die Tragweite der von Nietzsche behaupteten Ursache zurück schließen darf, ist der »Tod Gottes« weit mehr als ein bloßes Theorem, nämlich eine Diagnose, die den Kern und die Grundstruktur des Zeitgeschehens freilegt. Dann liegt diesem, wie schon eingangs angedeutet wurde, ein »struktureller« und nicht nur ein faktischer Atheismus zu Grunde.

Damit stellt sich erneut die Frage, wer angesichts dieses Befunds noch eine positive Zeitdiagnose zu stellen wagt. Das aber ist dann gleichbedeutend mit der Rückfrage an den, der, im Bild der Seesturmstelle gesprochen (Markus 4,35–48), bisweilen unbekümmert zu schlafen scheint, um sich dann, vom Notschrei der Seinen aufgerufen, erhebt, um dem Sturm und den Wogen zu gebieten. Doch wo ist sein Machtwort noch zu hören? Die Antwort liegt geradezu auf der Hand: Wenn irgendwo, dann im Grund und Zentrum des Christentums. Doch wie steht es um diese Mitte?

3. DER NEUE WEIN

Das biblische Fundament

Mit keinem Wort hat Jesus nachdrücklicher auf die Neuheit seiner Botschaft hingewiesen als mit dem Bildwort, dass neuer Wein nicht in alte Schläuche gegossen werden dürfe, weil er sonst die Schläuche zerreiße. Damit verweist er nicht nur auf das Neuheitserlebnis, das er mit seinem Wort auslösen möchte, sondern auch auf die Sprengkraft seiner Botschaft. Nach seiner Ansicht ist sein Wort nie völlig ausgeschöpft; stets hält es neue Überraschungen bereit. Und ebenso wenig lässt sich sein Wort in vorgefertigte Gefäße einbringen, da sie unter seiner Sprengkraft zerbersten müssten. »Neuen Wein«, so resümiert er, »muss man vielmehr in neue Schläuche gießen.«

An das Christentum stellt sich damit die Doppelfrage, ob es sich des kostbaren Besitzes in Gestalt des neuen Weins bewusst ist und wie es damit bei der Aufbewahrung umging. Da Jesus im gleichen Zusammenhang von den – mit seinem Wein bewirteten – Hochzeitsgästen sprach, die in seiner Anwesenheit doch nicht fasten und trauern können, nannte er zugleich das dafür entscheidende Kriterium: die *Freude*. Durch sie müssten sich seine Anhänger von jedem noch so nahe liegenden Defätismus und Rigorismus unterscheiden. Denn daran wäre zu ersehen, dass sie von seiner Gegenwart durchdrungen und bereit sind, es mit allem, was Gegenwart und Zukunft über sie bringen, aufzunehmen. Auf keinen traf das so sehr zu wie auf Paulus, der sich dazu im Liebeshymnus des Römerbriefes bekannte. Denn auf die Frage, wer uns von der Liebe Christi trennen könnte, antwortet er spontan:

Ich bin überzeugt, dass weder Tod noch Leben, weder Engel noch Mächte, weder Gegenwärtiges noch Zukünftiges noch irgendein

Geschöpf uns trennen können von der Liebe Gottes in Christus Jesus, unserem Herrn (Römer 8,35.38f.).

Daran müssten sich die Glaubenden in ihrem Denken, Fühlen und Handeln bemessen.

DER RÜCKFALL

Anstatt der damit geforderten Aufbruchstimmung hat sich der Schatten des von *Nietzsche* beschworenen *Geistes der Schwere* über die heutige Christenheit gelegt. Wo wegweisende Impulse zu erwarten wären, werden Rückzugspositionen bezogen und abgelegte Modelle reaktiviert. Wo Antworten auf brennende Zeitfragen erhofft werden, werden Antworten auf Fragen gegeben, die niemand stellt. Und im Binnenraum der Theologie beider Konfessionen: ein Rückfall vom Gott der Liebe auf den des Zorns und des Gerichts! Denn hier wie dort entsteht der Eindruck, als schrecke die Christenheit vor der im Aufbruch des Zweiten Vatikanums erreichten Lichtung zurück, um sich erneut dem Dunkel eines Gottesbildes zu verschreiben, das neben tröstlichen vor allem auch drohende und erschreckende Züge aufweist.

Ursächlich hängt das zweifellos damit zusammen, dass schon in der christlichen Frühzeit der neue Wein in die in historischer wie in struktureller Hinsicht alten Gefäße der griechischen Philosophie gegossen wurde. Zwar wurden auf diesem Weg wichtige und für die Sicherung des Glaubens hoch bedeutsame Klärungen erzielt, doch auch der Keim tragischer Konflikte gelegt und, bedenklicher noch, der Ideologisierung des Glaubens Vorschub geleistet. Vor allem aber geriet über der aus dieser Verarbeitung hervorgegangenen »christlichen Wahrheit« die »Wahrheit Christi«, und damit jene Wahrheit aus dem Blick, die aus dem Antlitz Jesu hervorleuchtet und, wie aus seinem Wort, aus seinem Tun und Verhalten hervorgeht.

DIE WAHRHEIT CHRISTI

Im Hinblick darauf muss es das Grundanliegen der Neuen Theologie sein, die *Wahrheit Christi* gegenüber der christlichen Wahrheit wieder zum Zug zu bringen und ihr die ihr gebührende Geltung zu verschaffen. Wenn sie das erreichen will, muss sie sich von der traditionellen Theologie schon in der Frage der Gotteserkenntnis absetzen. Denn so sehr sie mit dieser darin übereinstimmt, dass die Existenz Gottes auf argumentativem Weg geklärt werden kann, da »seine ewige Macht und Gottheit« an den welthaften Gegebenheiten zu ersehen ist (*Römer 1,19f.*), gilt für sie in der Frage nach den »Tiefen« der Gottheit (*1 Korinther 2,10*) in voller Strenge das Wort von *Blaise Pascal*:

> *Nicht nur Gott kennen wir allein durch Jesus Christus, auch uns selbst kennen wir nur durch Jesus Christus. Ohne Jesus Christus wissen wir weder, was unser Leben noch was unser Tod noch was Gott ist noch was wir selber sind (Pensées, § 548).*

Mit letzter Deutlichkeit hat *Pascal* damit den Ausgangs- und Mittelpunkt der Neuen Theologie markiert und sie damit von der christlichen Wahrheit an die Wahrheit Christi zurückverwiesen. Dadurch ist sie zu einer beharrlichen Einfühlung in das »Mysterium Jesu« (*Pascal*) aufgerufen. Wenn sie dem nachkommen will, muss sie im Antlitz Jesu lesen und auf den Klang seiner Stimme hören lernen. Lehrmeister kann ihr dabei der frühe *Augustinus* sein, der in Abkehr von der traditionellen Systemwahrheit von einem »Antlitz der Wahrheit« sprach, das bei allem Fragen und Forschen als letzte Entscheidungsinstanz gesucht werden müsse[14]. Und nicht weniger hilfreich wäre für sie *Kierkegaard,* der den Hinweis Augustins mit der These bestätigt, dass das Evangelium Augen habe, die den Leser danach befragten, ob er seiner Weisung folgen wolle, und der das mit der bestürzenden Beobachtung unterbaute, dass durch alle Jesusworte, selbst die freudigsten, ein Leidenston durchklinge, der erst zur vollen Erfassung seiner Aussage verhelfe[15].

In dem Maß, wie diese »Wahrheit Christi« wahrgenommen und beherzigt wird, hellt sich das Antlitz Gottes auf, das signifikante Vertreter der jüngeren Theologengeneration, wie man nur mit Befremden und Entsetzen feststellen kann, von seinem Zorn verfinstert sehen. In denkbar schärfstem Gegensatz dazu kommen in diesem Antlitz vielmehr die Züge des bedingungslos liebenden Vaters zum Vorschein, der dem Menschen alles – bis zur Hingabe seines Sohnes – gibt, ihm aber auch das Höchste abverlangt. Das von diesem Antlitz ausgehende Licht überstrahlt alle Anlässe der Angst und Resignation. Von ihm geht, ebenso unausdrücklich wie unüberhörbar, ein Zuspruch aus, der zur Zukunft ermutigt und, als Voraussetzung dafür, zur »Annahme seiner selbst« (*Guardini*) bewegt[16]. Es ist der Zuspruch der Stimme, die *Nikolaus von Kues* in der Tiefe des Herzens vernahm und die den Angesprochenen mit den Worten »sei dein eigen, dann bin auch ich dein eigen« zu sich selbst ruft[17]. An sie verwies *Pascal,* als er von Jesus, zusammen mit der Klärung des Gottesgeheimnisses, auch die des Rätsels erwartete, das sich der Mensch im Gefälle von Leben und Tod selber ist. Wenn also die Christenheit aus ihrem gegenwärtigen Tief herausgeholt werden soll, muss der Anfang dazu mit dem Menschen gemacht werden.

4. WO BIST DU?

Der Ansprechpartner

Auf einem Abhang vor dem Stadttor von Theben lagerte die Sphinx, die jedem Ankömmling die Frage stellte: »Was ist das? Es geht am Morgen auf allen Vieren, am Mittag auf zwei und am Abend auf drei Beinen?« Jeden, der die Antwort nicht kannte, stürzte sie in den Abgrund, wo schon zahllose Gebeine in der Sonne bleichten. Als aber Ödipus kam und auf ihre Frage antwortete: »Der Mensch!«, stürzte sie sich vor Entsetzen selbst in den Abgrund, und der Weg nach Theben war frei. Seit dieser grauen Urzeit steht die Suche nach dem Geheimnis des Menschen im Zeichen der von der Sphinx aufgeworfenen Was-Frage, die sich auf das Wesen des Menschen richtet. Doch alle Versuche, ihn auf ein derartiges »Wesen« festzulegen, schlugen, je länger desto nachhaltiger, fehl. Insbesondere war der Mensch schon unter den terroristischen Diktaturen, nicht weniger dann aber auch im Medienzeitalter in einer Weise auf den Prüfstand gestellt, der mit der Was-Frage nicht beizukommen war. Erst recht entglitt er ihr im Gefolge der modernen Hochtechnik, die ihm, wie schon eingangs erwähnt wurde, geradezu göttliche Attribute, wenngleich nach Art unbequemer »Prothesen«, zulegte. Aber kann denn nach dem Menschen überhaupt anders als nach Art der Sphinx gefragt werden?

DIE URFRAGE

Die Antwort gibt die biblische Urgeschichte, nach der der Schöpfer an den sündig gewordenen und sich vor ihm versteckenden Menschen die Frage richtet: »Wo bist du?« (Genesis 3,9) Der Renaissancephilosoph *Giovanni Pico della*

Mirandola entfaltete diese Frage in seinem Traktat ›Über die Würde des Menschen‹ (1485) mit den an den Menschen gerichteten Worten:

> *Ich habe dir keinen bestimmten Wohnsitz zugewiesen, damit du den dir zusagenden selber wählen kannst. Auch habe ich dir keine bestimmte Lebensgestalt auferlegt, damit du dir die von dir erwünschte selbst aneignen kannst. Du kannst dich zur Höhe des Göttlichen erheben; du kannst dich aber auch zur Tiefe des Tierischen erniedrigen[18].*

Seitdem ist der Mensch, bisweilen in sehnsüchtigem Aufblick, dann aber auch in prometheischer Überhebung auf der Suche nach sich selbst. Auf diesen Fall bezieht sich das Nietzschewort, dass wir uns, ebenso neugierig wie vermessen, in unserer Hybris »bei lebendigem Leib die Seele aufschlitzen«[19]. Nachdrücklicher als er hatte zuvor schon *Kierkegaard* in seiner Wiederholungsschrift (1843) die Konsequenz aus dieser vergeblichen Selbstsuche mit dem Geständnis gezogen:

> *Mein Leben ist zum Äußersten gebracht, ich ekle mich am Dasein, es ist geschmacklos, ohne Salz und Sinn. Man steckt den Finger in die Erde, um zu riechen, in welchem Land man ist. Ich stecke den Finger ins Dasein: Es riecht nach – Nichts. Wo bin ich? Was will das besagen: die Welt? Was bedeutet dieses Wort? Wer hat mich in dieses Ganze hineingenarrt und einfach stehen lassen? Wer bin ich?[20]*

DIE BINNENGESCHICHTE

Damit ist die Paradiesesfrage zu philosophischen Ehren gebracht und gleichzeitig geklärt, dass es sich dabei um die vom Menschen nicht so sehr gestellte als ihm vielmehr aufgegebene Frage nach dem Sinn seines Daseins handelt. Als solche verbindet sie sich mit dem Ansinnen, das Leben in seine Hand zu nehmen, sich um seine Gestaltung zu mühen und sich nach Hilfen auf seinem Weg zu sich selbst umzusehen. Sie kann von ihm aber auch als Versuchung missverstanden werden, sich aufzugeben, fallen zu lassen und sich der Fremdregie der an seinem Lebensweg bereitstehenden Verführer zu überlassen. Dabei bleibt er allerdings nicht ungewarnt, vielmehr mischt sich in seine Entscheidung die Stimme einer Instanz ein, die am zutreffendsten als die seines Existenzgewissens bestimmt werden kann. Anders als das moralische Gewissen urteilt sie nicht über Gut und Böse, sondern über sein Verhältnis zu sich selbst. Dabei klärt sich die für jede Anthropologie grundlegende Frage nach der Geschichtsbetroffenheit und Geschichtsfähigkeit des Menschen. Während die klassische Anthropologie darauf nur faktizistisch, also mit der bloßen Behauptung seiner Geschichtsfähigkeit antworten kann, lautet die Antwort der von der Wo-Frage ausgehenden Modalanthropologie: weil er eine Geschichte mit sich selbst durchlebt, deren Siege in Akten der Selbstaneignung und deren Niederlagen in Zuständen der Selbstaufgabe und Selbstwegwerfung bestehen[21]. Auf die Anläufe zum Sieg reagiert das Existenzgewissen mit Zuspruch und Ermutigung, auf die Anzeichen der Niederlage und des Selbstverlustes mit Warnungen und Vorwürfen. Wie *Nikolaus von Kues* deutlich machte, gerät der Mensch damit aber nicht etwa ins Spannungsfeld gleichgewichtiger Kräfte, die ihn ebenso nach oben wie nach unten ziehen. Vielmehr mischt sich in den Zuspruch des Existenzgewissens eine aus der Tiefe seines Herzens an ihn ergehende Stimme ein, die ihn mit dem verheißungsvollen Aufruf »sei dein eigen, dann bin auch ich dein eigen« auf den Weg der Selbstaneignung und damit auf die nach oben führende Sternenbahn verweist[22]. Dort erwarten ihn nicht nur die theologischen Tugenden Glaube, Hoffnung und Liebe, die ihren Namen dem Umstand verdanken, dass der Geglaubte zum Glauben, der Erhoffte zur Hoffnung und der Geliebte zur Liebe verhilft, sondern in ihrer Gestalt die Engelchöre, die ihn der teilnehmenden Liebe von oben versichern, oder nun wörtlich (mit *Goethes* »*Faust*«):

Und hat an ihm die Liebe gar
von oben teilgenommen,
begegnet ihm die selige Schar
mit herzlichem Willkommen.[23]

In einer Zeit, in der die desintegrativen, den Menschen zur Eindimensionalität nivellierenden Tendenzkräfte überhand nehmen, wird ihn die Neue Theologie insbesondere an und auf die Sternenbahn integrativer Selbstfindung verweisen müssen, ohne dabei die bedrohliche Alternative zu verschweigen. Vielmehr wird sie angesichts der beängstigenden Symptome, die auf Daseinsunlust, Seinsverdrossenheit und Ignorierung der Sinnfrage, aber auch auf die wachsende Unterkühlung der Gesellschaft und teilnahmslose Gleichgültigkeit schließen lassen, mit größtem Nachdruck auf die Fallstrecke verweisen, auf der der heutige Mensch in Zustände fataler Selbstentfremdung abzustürzen droht.

Dabei darf sich ihr Blick aber keinesfalls auf die Situation des Einzelnen beschränken. In einer Stunde wachsender Bedrohung muss sie in diesen vielmehr das Schicksal der Menschheit einbegreifen und nach dem Gang der Zeiten und dem der geschichtlichen Entwicklung fragen. Denn die in ihren Grundzügen deutlich gewordene Modalanthropologie unterscheidet sich von ihrer klassischen Alternative vor allem dadurch, dass sie die Frage der menschlichen Geschichtsfähigkeit durch das Theorem der vom Menschen durchlebten Binnengeschichte zu klären vermag. Wie aber stellt sich dann aus dieser Sicht der Gang der Weltgeschichte dar, auch wenn der Einzelne davon fast nur als der in Mitleidenschaft Gezogene betroffen ist? Und wie insbesondere der sich im Gang der Weltgeschichte abzeichnende Weg der Heils- und Glaubensgeschichte?

5. WOHIN BEWEGEN WIR UNS?

Die glaubensgeschichtliche Stunde

»Wohin bewegen wir uns?« – So fragte *Nietzsche* in der Maske des »tollen Menschen« unter dem Eindruck des von ihm proklamierten Gottestodes[24]. Mit nicht weniger Recht aber hatte so schon nach der ersten Jahrtausendwende der kalabrische Abt *Joachim von Fiore* unter dem Eindruck einer visionären Zusammenschau von Altem und Neuem Testament gefragt[25]. Und er antwortete darauf mit dem Entwurf eines grandiosen, am Trinitätsgeheimnis orientierten Geschichtspanoramas, in dem er eine im Zeichen des Gesetzes und der Furcht stehende Zeit des Vaters von der im Zeichen der Gnade und des Glaubens stehenden Folgezeit des Sohnes und der von Freiheit und Liebe bestimmten Hoch-Zeit des Geistes unterschied. Das Reich des Kindes, das Nesseln hervorbringt, ist vom Sternenlicht beschienen, das Reich der Jünglinge, in dem Rosen blühen, von der Morgenröte, während das dritte Reich der Greise, das Lilien, Weizen und Öl gedeihen lässt, in der vollen Tageshelle erstrahlt[26].

Diese Schau hat eine Vor- und eine Nachgeschichte. Eine Vorgeschichte bei *Augustinus,* der neben einer Einteilung in biblische Epochen auch die in eine Zeit der Kindheit vor dem Gesetz, eine Zeit des Mannesalters unter dem Gesetz und eine Zeit des Greisenalters unter der Gnade ins Auge fasste[27]. Ungleich ausladender ist die Nachgeschichte, die sich von Joachims Geschichtsentwurf bis in die Gegenwart erstreckt. Nach der subtilen Darstellung *Karl Löwiths* beginnt sie mit *Lessing,* der das dritte Zeitalter mit dem der Vernunft und dem der menschlichen Selbstverwirklichung gleichsetzt; sie setzt sich vor allem bei *Hegel* fort, der dem joachitischen Modell lediglich das Formgesetz entnimmt und den Gang der Weltgeschichte insgesamt als einen beständigen »Fortschritt im Bewusstsein der Freiheit« deutet, und sie erreicht ihren sich in ständigen Transformationen fortsetzenden und immer noch nachwirkenden Höhepunkt in *Schelling,* der das sich seiner Ansicht nach selbst überholende Christentum als Keimkraft zu einer jeweils höheren Bewusstseinsstufe begreift[28]. Von der politischen Sprengkraft der Idee vermittelt ihr propagandistischer Missbrauch durch die nationalsozialistische Ideologie eine erschreckende Vorstellung; indessen war die Korruption des Guten noch nie ein Gegenbeweis seines Werts und seines Rechts.

Indessen blieb dieser progressive und schließlich im blasphemischen Missbrauch endende Verfall des joachitischen Modells nicht ohne Folgen. Schon bei *Nietzsche* schlug der anfängliche Optimismus in sein depressives Gegenteil um. Für ihn ist jede Kultur nach Aufbruch und Blütezeit dazu bestimmt, zuletzt wie in einem Feuerwerk an ihren eigenen Hervorbringungen zu Grunde zu gehen[29]. Das führte bei *Oswald Spengler* zu der extrem pessimistischen Prognose vom »Untergang des Abendlandes«, da für ihn das Grundgefühl der Zeit in Angst und Einsamkeit bestand. Darin berührte er sich mit der antichristlichen Zeitdiagnose *Martin Heideggers,* aber auch mit der religiösen der Dichterin *Gertrud von le Fort,* die den Schlüssel für ihre Geschichtsdeutung in extremem Gegensatz zu Spengler und Heidegger im Glauben, näherhin in der weltgeschichtlichen Deutung der Lebensgeschichte Jesu fand.

Wegweisend für die Neue Theologie ist diese auf den Kappadokier *Gregor von Nyssa* zurückgehende und von *le Fort* fortgeführte Deutung der nachchristlichen Weltgeschichte, die deren Verlauf als Extrapolation der Jesusvita versteht. Wie das »uns eingeborene Kind Jesus« dem Ansatz Gregors zufolge »in einem jeden, der es aufnimmt, auf unterschiedliche Weise an Alter, Weisheit und Gnade« heranwächst, gilt Ähnliches – so dann der Jesuitentheologe *Henri de Lubac* – auf phylogenetische Weise vom Gang der einzelnen Geschichtsepochen[30]. Danach stehen die einen – wie insbesondere die christliche Frühzeit – im Zeichen der Menschwerdung, während andere die Todesangst und Agonie Jesu nachvollziehen und wieder andere vom Vorgefühl seiner Auferstehung und des Endgerichts bestimmt sind. Wie sich für die Dichterin dadurch ihre vom Vorgefühl des über Deutschland hereinbrechenden Terrors bestimmte Angst erklärte, so könnte sich daraus, die Synchronie der Epochen vorausgesetzt, eine religiöse Deutung der als »Zeitalter der Angst« (*Auden*) charakterisierten Gegenwart ergeben. In diesem Geschichtsmodell fände dann aber auch die Auffassung Rückhalt, dass die Gegenwart dieses Stadium bereits überschritten und als die Stunde der neu zu entdeckenden Auferstehung Jesu zu gelten hat. Doch was bedeutet das für die sich im Weltgeschehen abspielende Glaubensgeschichte?

DIE GLAUBENSWENDE

Die Synchronie der Epochensprünge vorausgesetzt, könnte man den Eindruck gewinnen, dass heute die Prognose Joachims mit der der Dichterin zusammentrifft. Danach steht die glaubensgeschichtliche Entwicklung im Begriff, das bereits überschrittene Stadium des Gesetzes- und Gehorsamsglaubens, aber auch das inzwischen erreichte des Verstehens- und Erfahrungsglaubens auf das dritte eines Innerlichkeits- und Identitätsglaubens hin zu überschreiten[31]. Im Schatten des an der letzten Jahrtausendwende weltweit herrschenden Imperialismus hatten die Väter des Ersten Vatikanums den Glauben als Unterwerfung des Menschengeistes unter die Autorität des sich vor allem als Gesetzgeber offenbarenden Gottes und daher als einen Akt des Gehorsams bestimmt. Diesem Glaubensbegriff entzog jedoch die nach dem Zweiten Weltkrieg ausgebrochene Autoritätskrise den Boden, nachdem *Peter Wust* im Vorgefühl dieses Umbruchs sogar die göttliche Autorität in Frage gestellt hatte. Indessen rettete die philosophische Hermeneutik *Hans-Georg Gadamers* die Sache des Glaubens durch den Nachweis, dass der Offenbarungsgott den Glauben gerade nicht in der Position des allmächtigen *Herrn* von Himmel und der Erde, sondern in der des auf Verständnis ausgehenden *Lehrers* fordert. In seinem Offenbarungswort will er verstanden werden. So kam es zur Wende vom *Autoritäts-* und *Gehorsamsglauben* zum *Verstehensglauben*. Nachdem *Martin Buber* der Christenheit vorgehalten hatte, dass es im Glauben nicht auf die ihn umschreibenden Sätze, sondern weit mehr auf deren Inhalt und das Fühlbarwerden der Gotteswirklichkeit ankomme, setzte sich die erste Wende in die vom *Satz- und Bekenntnisglauben* zum *Erfahrungsglauben* fort. Doch auch dies im Vorgefühl, dass nach deutlichen Symptomen bereits eine Inversion in Gang gekommen ist, die auf eine Wende vom *Gegenstands-* zum *Innerlichkeits-* und *Identitätsglauben* hinarbeitet. Darauf bewegen wir uns zu. Das hätte sich *Nietzsche* bei seiner Frage »Wohin bewegen wir uns?« nicht träumen lassen. Aber seine volle Zustimmung hätte es bei *Joachim von Fiore* und *Gertrud von le Fort* gefunden. Auf jeden Fall steht es im Zentrum der Neuen Theologie, die darin ihre innerste Rechtfertigung findet.

6. WOHIN IST GOTT?

Die Gottesfrage

Bevor *Nietzsche* die ins Herz des Zeitgeschehens stoßende Frage »Wohin bewegen wir uns?« stellt, ruft er in den durch den Tod Gottes leer gewordenen Raum hinein: »Wohin ist Gott?« Schon in Nietzsches Todesjahr (1900) konnte sich *Leopold Ziegler* des Eindrucks nicht erwehren, dass Nietzsche so nur fragen konnte, weil eine »Umkippung ins Christliche« bei ihm »im Anzug war«. Ein halbes Jahrhundert später hörte dann *Friedrich Georg Jünger* tatsächlich aus diesem »Nachruf« eine kaum unterdrückte Anrufung des Verlorenen heraus:

> *Er rief mit einer zu lauten Stimme in den Raum hinaus, dass der alte Gott gestorben sei, mit einer Stimme, in der ein Lauschen ist, ob nicht aus dem Raume ein Ruf, ein Echo zurückkomme.*

Das rückt den Ruf des »Besiegers Gottes und des Nichts« in unmittelbare Nähe zu dem Notschrei des Gekreuzigten, der die Not seiner Gottverlassenheit dem klagt, von dem er sich verlassen fühlt, und der sich in seiner Verlassenheit an den klammert, der ihm fehlt. Schwerlich kann die Krise des Gottesglaubens genauer beschrieben werden als mit diesem Befund. Das bestätigt der Oxford-Philosoph *John Leslie Mackie,* in dem der argumentierende Atheismus der Vorzeit ein letztes Mal seine Stimme erhob. In seinem nachgelassenen Werk mit dem halbironischen Titel ›Das Wunder des Theismus‹ (1982) führt er ebenso »Argumente für und gegen die Existenz Gottes« auf, um das Übergewicht der Gegenargumente herauszustellen. Doch beugt er sich, wie es schon in seinem Werktitel anklingt, zuletzt der Einsicht, dass es auch ihm nicht gelingen werde, den Gottesglauben zu beseitigen und dass er dessen »anhaltende geistige Macht über zahlreiche vernünftige Menschen« angesichts seiner Einwände als derart überraschend empfinde, dass er darin ein wahres Wunder – natürlich im ironischen Verständnis dieses Ausdrucks – erblicke[32].

Doppeldeutig war aber auch *Nietzsches* Absage an Gott. Das bestätigte sein ihm auf vielfache Weise hilfreicher Freund, der atheistische Theologe *Franz Overbeck*, mit der Auskunft, dass Nietzsche »in seinen zurechnungsfähigen Tagen« niemals den das Dasein Gottes bestreitenden »übermenschlichen« Atheismus, sondern immer nur den »menschenmöglichen« vertreten habe, der das Verdämmern des Gottesgedankens im Bewusstsein der Menschheit behauptet[33]. Dass sich Nietzsche dessen selbst bewusst war, belegt seine Nachlassnotiz:

> *Ihr nennt es die Selbstzersetzung Gottes: Es ist aber nur seine Häutung: – er zieht seine moralische Haut aus! Und ihr sollt ihn bald wiedersehen, jenseits von Gut und Böse[34].*

Dass Nietzsche damit sogar die Interpreten in seinen Bann zog, bestätigt der Nietzscheforscher *Gerd-Günther Grau*, der den zentralen Stellenwert von Nietzsches These von der Selbstauflösung des christlichen Glaubens entdeckte, von ihr aber nicht zu atheistischen Konsequenzen, sondern dazu geführt wurde, Nietzsche im Lichte *Kierkegaards* als eine Hiob- und Kohelet-Gestalt zu deuten[35].

DAS NACHLEUCHTEN

Wie steht es nach diesen Hinweisen um das Schicksal des Gottesglaubens in dieser Zeit? Die Antwort kann nur lauten: zwiespältig. Zwar dominieren offenkundig die Tendenzen, die ihn zu beseitigen und den Menschen ein eindimensionales, nur auf Geltung, Besitz- und Lustgewinn ausgerichtetes Lebenskonzept einzureden suchen. Vergeblich scheint *Beethoven* seine Brüder zum Aufblick »zum Vater überm Sternenzelt« aufgefordert zu haben. Vergeblich scheint *Karl Rah-*

ner seine Leser darauf hingewiesen zu haben, dass sich der Gottesglaube nicht auf Beweise, sondern auf die von Jesus ausgehende und seine Jünger mitreißende Gottessuggestion stützt[36]. Gleichzeitig lassen gerade die vehementesten Bestreiter des Gottesglaubens eine auffällige Zurückhaltung erkennen, ganz so, als wollten sie nicht die Vernichtung, sondern das Überleben des von ihnen attackierten Gegners. Was schließlich den von *Anselm von Canterbury* entwickelten zentralen Gottesbeweis anlangt, so sprach sogar *Theodor W. Adorno* von dem letztlich »Unauslöschlichen« an ihm. Leuchtet also der von Nietzsche totgesagte Gott in der heutigen Denk- und Lebenswelt nach? Ergeht es also den noch nicht dem Konsumismus verfallenen Menschen dieser Zeit wie dem unglücklichen Mann vom Lande in *Franz Kafkas* Erzählung ›Vor dem Gesetz‹, der im Innern der ihm abschreckend erscheinenden Stadt, in die er nicht einzutreten wagt, ein geheimnisvolles Leuchten wahrnimmt? Doch wo sind in der gegenwärtigen Lebenswelt Leuchtspuren oder gar Spuren einer Erleuchtung zu entdecken?

Um beim aktuellen Zeitgeschehen einzusetzen: sicher dort, wo es angesichts des weltweiten Leids in der sozial unterkühlten Gesellschaft der Gegenwart zu spontaner Solidarisierung mit den Betroffenen und oft an den Rand der Verzweiflung Gedrängten kommt. Eine neuartige Einsicht in die Bedingungslosigkeit des Friedens dürfte der weltweiten Kritik an dem als Präventivschlag ausgegebenen Irakkrieg mit seinen verhängnisvollen Folgen zu Grunde liegen. Ein offensichtliches Nachleuchten des im Grund nur religiös zu begreifenden Zeitzeichens in Gestalt des freiheitlichen Aufbruchs von 1989 ist darin wahrzunehmen, dass die europäischen Völker im Begriff stehen, auf ihrem blutgetränkten Territorium das gemeinsame Haus Europa zu errichten. Nur zurückhaltend wird man Ähnliches von dem nicht minder großen Zeitzeichen des Zweiten Vatikanums sagen können, da die Kräfte überhand nehmen, die es auf eine Zurücknahme seiner Errungenschaften abgesehen haben. Dies alles zugegeben – berechtigt dies aber dazu, von einem Nachleuchten des Gottesglaubens im Zeitbewusstsein oder gar von einer Rückkehr des totgesagten Gottes in die heutige Lebenswelt zu sprechen? Wenn aber nicht darauf, worauf kann sich dann die Neue Theologie stützen und womit sich selber rechtfertigen?

DAS FUNDAMENT

Ihr tragender Grund besteht nicht in den noch auffindbaren Relikten des Gottesglaubens, sondern in dessen Tiefendimension, die in Betracht gezogen werden muss, so schwierig sich ihre Ausleuchtung gestaltet. Doch die Erde wurde nicht nur, wie insbesondere die europäische, vom Blut unzähliger Gefallener, sondern vom Blut des Gekreuzigten getränkt. Mit seinem Tod hat er sich in den »Großtext« (*Wimmel*) der Weltkultur und in den unterschwelligen Kontext der Seelen, den »nexus animarum« (*Wust*), eingeschrieben und mit seiner Auferstehung, wie Paulus sah und betonte, das Weltgeschehen von seinem Anfang an aufs Neue aufgerollt und auf eine höhere Ebene gehoben. Bei seinem Weg in die »Niederungen der Erde« (Epheser 4,9), auf den sich der Glaubensartikel von seinem Abstieg in die Unterwelt bezieht, hat er sich in Form eines Archetyps dem Unterbewusstsein eingeprägt und von dorther die ganze Menschheitsgeschichte neu bestimmt[37]. Deshalb vernahm *Nikolaus von Kues* in deren Gang die »große Stimme«, die sich in vielfältigen Artikulationen und unterschiedlichen Modulationen bis zum Todesschrei des Gekreuzigten steigert und in dieser übersprachlichen Artikulation das Letzte sagt, was Gott der Welt zu sagen hat[38]. Dabei verschmolz die Aussage mit ihrem Sprecher, sodass das im Osterlicht erstrahlende Kreuz und damit der durch seine Passion gezeichnete Auferstandene als das leibhaftige Schlusswort der Gottesoffenbarung zu gelten hat. So erfuhr ihn Paulus, als ihm in seiner Damaskusvision nicht wie den Propheten ein Wort, sondern der Gottessohn als der leibhaftige Inbegriff der göttlichen Selbstmitteilung ins Herz gesprochen wurde (Galater 1,16). Hier muss, wenn es dafür einen Ort gibt, die Neue Theologie ansetzen, denn sie gründet sich nicht auf den Gott, der nach seiner Toterklärung zurückgekehrt ist, wohl aber auf den, der sterbend in die menschliche Lebenswelt eingekehrt ist und sie als Auferstandener mit seinem Geist und Leben erfüllt.

7. DIE VERSTÄNDIGUNG

Der Schulterschluss

Wenn sich die Neue Theologie den Raum schaffen will, in dem sie leben und atmen kann, muss sie mit einer entschiedenen Absage an jede Form äußerer und innerer Gewalt beginnen. Denn die traditionelle Theologie wird, wie gerade neue und neueste Äußerungen belegen, immer wieder rückfällig auf den von Jesus überwundenen Gott des Zorns, der Strafe und des Gerichts, weil sie sich nicht ihrer Verhaftung in einer Denkwelt bewusst wurde, in der Gewalt gegen Andersdenkende geübt und die Unterdrückung von Dissidenten praktiziert, zumindest aber billigend hingenommen wurde. Dasselbe Schicksal droht nun aber auch der Neuen Theologie, nachdem das fatale Wort von der »Achse des Bösen« unwidersprochen die Runde machte, mit dem die amerikanische Administration einen Keil zwischen die Christenheit und den Islam trieb. Denn der volle Atemraum ist für sie erst dann gewonnen, wenn ihr angesichts des allenthalben heraufziehenden ozeanischen Atheismus der Schulterschluss mit allen gelingt, die »noch an Gott glauben«. So muss formuliert werden, nachdem *Nietzsche* in seiner ›Morgenröte‹ (1882) alle, die »nicht mehr an Gott glauben«, dazu aufrief, sich gegenseitig ein Zeichen der Verständigung zu geben, um sich ihrer Größe und Macht bewusst zu werden[39]. Denn aus unterschiedlichen Gründen wird es keiner der großen Weltreligionen allein gelingen, gegen die ihre Grundposition untergrabende Flutwelle aufzukommen, sodass es ihrer gebündelten Kräfte bedarf, wenn der Gottesglaube für das kommende Jahrtausend gerettet werden soll.

Dabei läuft das Christentum allerdings Gefahr, sich ausgesprochene Gegner als Bundesgenossen ins Boot zu holen, da gerade die beiden anderen Abrahamsreligionen konträren Überzeugungen verhaftet sind. Das Judentum durch seine Vorstellung von den über die Welt und es selbst hereinbrechenden Gerichten seines gleicherweise »grausamen wie gütigen« Gottes; der Islam, dem die vom Christentum seit der Reformation durchlaufene Aufklärung fehlt, durch seine Verhaftung in fundamentalistischen Positionen, die jede Korankritik als todeswürdige Abweichung verfolgen. Bei genauem Zusehen zeigt sich jedoch, dass der jeweilige Gottesbegriff von diesen Irritationen nicht betroffen ist, sodass bei ihm der Versuch des Schulterschlusses ansetzen kann.

DAS GOTTESVERHÄLTNIS

Der Islam verdankt seine Faszination letztlich dem »kurzgeschlossenen« Verhältnis des Muslims zu Allah, durch das er förmlich in dessen Willen hineingerissen, von ihm durchdrungen und getragen wird. Das ist die Folge seines an das Argument des *Anselm von Canterbury* erinnernden Gottesbegriffs[40]. Wie sich danach aus dem Gedanken des unüberdenklich Größten die Gewissheit von Gottes Dasein ergibt, so führt der Gedanke der Einzigkeit Gottes den Denkenden zu einem Einvernehmen mit ihm, das den Muslim der Angst und Sorge enthebt und ihn zum Werkzeug des Gotteswillens werden lässt. Für ihn gilt das vom amerikanischen Religionsphilosophen *Richard Rorty* in Erinnerung gerufene Wort:

> *Wahrer und vollkommener Gehorsam ist eine Tugend vor allen Tugenden.*

Dann aber ist für den Muslim – und nicht nur für ihn – der Glaube soviel wie Gehorsam. Anders für den Juden *Martin Buber,* der vom Glauben die Verankerung in der Gotteswirklichkeit und deren dialogisches Fühlbarwerden erwartete[41]. Mit »dialogisch« verweist er dabei auf die für ihn, den »Dialogiker«, besonders wichtige Herkunft des Glaubens aus dem prophetischen Gotteswort, durch die der Glaubende in eine Gesprächsbeziehung zu dem sich ihm mitteilenden Gott tritt. Dann aber gilt für ihn wie für jeden Sprechenden eine dreifache Vergewisserung. Denn solange er redet, ist ihm fürs Erste das Faktum seines Redens und damit das Stück Weltwirklichkeit unzweifelhaft, mit dem er konkret befasst ist. Unzweifelhaft ist ihm aber auch die Existenz des mit ihm redenden Partners – also Gottes, weil man mit einem Phantom nicht sprechen kann. Und unzweifelhaft ist ihm schließlich das Faktum seiner eigenen Existenz.

Für den Christen gewinnt das dadurch eine neue Dimension, dass ihm in Jesus das Mensch gewordene Gotteswort entgegentritt und dass dieser die anfängliche Distanz dadurch überwindet, dass er dem Wort der Apokalypse zufolge »vor der Tür« steht und anklopft, um Einlass und Wohnung zu finden (Apokalypse 3,20). So ergeht es ihm wie Paulus, dem in seiner Damaskusvision (nach Galater 1,16) der Gottessohn als das leibhaftige Offenbarungswort von Gott ins Herz gesprochen wurde. Seine mystische Gegenwart setzt ebenso seine Existenz wie die des sich in ihm mitteilenden Gottes außer Zweifel; und ebenso ist sie Grund der existenziellen Selbstfindung des Glaubenden in ihm.

DIE VEREINBARUNG

Auf dieser Basis kann es dann doch, ungeachtet der fortbestehenden Differenzen, zum gegenseitigen Schulterschluss der Abrahamsreligionen und der durch die atheistische Herausforderung unerlässlich gewordenen Bündelung ihrer Kräfte kommen. Dabei werden Christen und Juden vom Islam die Intensivierung des Gottesverhältnisses lernen müssen. Das Judentum verpflichtet Christen und Muslime zum Dialog und, gerade auch angesichts der gewaltbereiten Weltlage, zur dialogischen Beilegung ihrer Konflikte, während das Christentum beiden, Juden wie Muslimen, die Tür zur mystischen Verinnerlichung ihres Glaubens öffnen könnte. Stimuliert würde die Bereitschaft zur Verständigung aber vor allem durch den Willen zum gemeinsamen Ziel. Nur dürfte dieses nicht vorwiegend defensiv, also als Abwehr des vordringenden Atheismus bestimmt werden. Vielmehr müsste die Festigung des Gottesglaubens nicht zuletzt auch als unerlässlicher Beitrag zur Konsolidierung des im Entstehen begriffenen europäischen Hauses begriffen und geltend gemacht werden. Denn in ihm werden Juden, Christen und Muslime nur dann eine sichere und dem Ansturm der Wogen des Zeitgeschehens standhaltende Wohnung finden, wenn es von den mit dem Gottesglauben gegebenen Prinzipien Freiheit, Solidarität und Toleranz getragen ist. Darauf müsste dann aber auch jede der in diesem Haus beheimateten Weltreligionen hinwirken. Das Judentum durch seine Befähigung zu dialogischem Denken und Verhalten, der Islam durch seine in der Einzigkeit seines Gottes gründende Einigungskraft und das Christentum durch seine von Paulus (Galater 5,12; 2 Korinther 3,17; Römer 8,38) herausgestellte Qualifikation als Religion der Freiheit und Liebe. So sehr das im Vergleich zum historischen Erscheinungsbild dieser Religionen als Utopie erscheint, war es doch noch immer die Wirkung von Idealen, dass sie das, was lange als utopisch erschien, der Wirklichkeit näher brachten. Und außerdem spricht die als Signatur der Epoche einzuschätzende Hochtechnik mit ihren stupenden Hervorbringungen dafür, dass diese Zeit die Zeit der sich – trotz aller Rückschläge – Zug um Zug realisierenden Utopien ist.

8. DIE UNTERSCHEIDUNG

Die bleibenden Gegensätze

In der heutigen, von zunehmender Gewaltbereitschaft beherrschten Lebenswelt läuft die Sache der Neuen Theologie Gefahr, schon im Ansatz zu verkümmern. Wenn sie zur Geltung gebracht werden und aufblühen soll, müsste daher der Bann der sie tödlich bedrohenden Gewalt gebrochen werden. Das könnte aber nur auf dem Weg einer »konzertierten« Aktion aller religiösen Kräfte, insbesondere aber einer Bündelung der den Abrahamsreligionen gegebenen Energien erreicht werden. Deshalb besteht die erste Aufgabe im Versuch einer tragfesten Verständigung unter ihnen.

Angesichts der lautstarken Stimmen, die für eine Einebnung der religiösen Unterschiede und die Herstellung einer alle Religionen vermischenden Synthese plädieren, droht hier jedoch eine neuerliche Gefahr. Denn in diesem mit dem Etikett »pluralistische Religionstheorie« angepriesenen Amalgam gibt es keine letzte Identität und deshalb auch kein Lebensrecht einzelner Religionen mehr. Jede Religion steht und fällt aber mit ihrem Gottesbild und der Beziehung, die sie zwischen ihren Anhängern und dem von ihr gedeuteten Gott stiftet. Das gilt sogar vom Buddhismus, der die Frage nach Gott nach dem Ratschlag seines Stifters offen lässt und seine Anhänger dadurch an sich selbst – zur Selbstkorrektur – zurückverweist[42].

DIE DIFFERENZEN

Was unterscheidet das Christentum dann aber vom Buddhismus, der seine Gläubigen zur Unterdrückung des Besitz- und Geltungswillens und zuletzt zur Versenkung ins

Nirwana zu bewegen sucht? Die Antwort gibt Jesus, der nach seiner Stellung zur Fastenfrage befragt worden war:

Können denn die Hochzeitsgäste fasten, solange sie den Bräutigam bei sich haben? Solange der Bräutigam bei ihnen ist, können sie doch nicht fasten! (Markus 2,19)

Die Urgemeinde hörte daraus freilich den Hinweis auf eine Trauerzeit heraus, in der ihr »der Bräutigam« entrissen würde und Fasten das Gebot der Stunde sei. Doch der hellsichtige Leser des Evangeliums, der dänische Dichterphilosoph *Sören Kierkegaard,* wusste es im Blick auf die Liebe Christi, die keinen je wieder aufgibt, dem sie sich einmal zuwandte, besser. Für ihn kann Christus, wie er mit Nachdruck betont, »niemals zu etwas Vergangenem« werden; denn der Glaube an ihn schafft Gleichzeitigkeit, mehr noch: Er ist, näher bestimmt, diese Gleichzeitigkeit[43]. Zwar ändert sich mit Tod und Auferstehung die Form seiner Anwesenheit unter den Seinen, nicht aber diese selbst. Auf die an Jesus gerichtete Fastenfrage zurückbezogen besagt dies, dass es für seine Anhänger niemals einen Grund zu dem aus der Trauer geborenen Fasten gibt. Für die Verhältnisbestimmung zum *Buddhismus* aber gilt dann in letzter Vereinfachung und Konsequenz: Das Christentum ist im Verhältnis zu ihm:

keine asketische, sondern eine therapeutische Religion.

Denn es sucht das Heil des Menschen gerade nicht in seiner Entselbstung, sondern in seiner Erhebung zum Rang einer »gottverwandten Existenz«[44]. Da dem jedoch die vielfachen Kränkungen und Verwundungen des Menschen im Weg stehen, muss es ihm zunächst seine Heilkraft zuwenden, um ihn dann zum Aufstieg bewegen zu können.

Entgegen einer verbreiteten, letztlich auf den Religionsbegriff *Kants* zurückgehenden Ansicht – und weithin auch seiner Selbsteinschätzung – ist das Christentum sodann im Unterschied zu dem auf das göttliche Gesetz gegründeten *Judentum:*

keine moralische, sondern eine mystische Religion.

Denn das Christentum *hat* zwar eine – in ihrem Kernstück von ihm selbst noch immer nicht begriffene – Moral; es *ist* aber keine Moral, da sein »Gesetzgeber« darauf ausgeht, seinen Gläubigen einzuwohnen und zu ihrem Lebens- und Selbstgesetz zu werden. Vom *Islam* unterscheidet sich das Christentum aber vor allem in seinem Offenbarungsverständnis. Nach islamischer Überzeugung sandte Allah sein Offenbarungswort in Gestalt des Koran »in der Nacht der Macht« zu dessen Empfänger und Propheten Mohammed mit der Weisung, alle Gläubigen, selbst mit Gewalt, darauf zu verpflichten[45]. Für das Christentum besteht die Gottesoffenbarung jedoch weder in einem Wort noch in einem Text, sondern in seiner leibhaftigen Selbstmitteilung in Christus. Denn dieser ist als Botschafter Gottes zugleich die Botschaft, in der alles ebenso von wie über Gott gesagt ist. Was die neutestamentlichen Schriften von ihm berichten, ist somit nur Rekonstruktion und Dokumentation dessen, was er gestalthaft ist. Verglichen mit dem Islam ist das Christentum daher

> *keine primäre, sondern eine sekundäre Schriftreligion.*

UNTERSCHIEDLICHE GOTTESBILDER

Zu diesen Differenzen wäre es niemals gekommen, wenn den positiv über Gott votierenden Religionen, also den drei Abrahamsreligionen, trotz ihrer gegenseitigen Verwiesenheit nicht durchgreifend verschiedene Gottesbilder zu Grunde lägen. So verdankt die Menschheit dem Judentum die von *Schiller* in seinen »Göttern Griechenlands« (1788) tragisch verkannte Entdeckung des einen, personalen und dem Menschen deshalb dialogisch begegnenden Gottes, der die Eindimensionalität des auf ihr lastenden Bannes polytheistischer Vorstellungen brach. Zwar verbarg sich nun nicht mehr hinter jedem Berg ein Gott und hinter jeder Quelle eine Nymphe; dafür schuf der Glaube an den einen Gott jedoch einen

Raum des Aufblickens und des Aufatmens, in dem sich der Mensch erstmals frei auf die Welt und sich selbst beziehen konnte. Das verschärfte der Islam – mit einer antitrinitarischen Spitze – zum Begriff des einzigen Gottes, mit dem er eine von keiner anderen Religion erreichte Strenge und Intensität der Gottesbindung erzielte. Dabei sind sich Judentum und Islam nicht nur im Verhältnis zueinander, sondern im Grund mit sämtlichen Gottesbildern der bis in das Neolithikum zurückzuverfolgenden Religionsgeschichte darin einig, dass sie eine ambivalente, zwischen Güte und Zorn oszillierende Gottesvorstellung vertreten, mit *Martin Buber* gesprochen, das Bild eines ebenso grausamen wie gütigen Gottes[46].

Erst vor diesem Hintergrund wird deutlich, worin die spezifisch christliche Sicht des Gottesgeheimnisses besteht. Denn Jesus konnte diese zwiespältige Gottesvorstellung nicht hinnehmen, weil sie den Menschen in eine andauernde Unruhe versetzte, die ihn innerlich zerriss und lähmte. Wenn er bisweilen auch selbst in drohendem Ton von Gott und dessen richterlicher Strenge sprach oder doch zu sprechen schien, dann entweder, um den Ernst seiner Botschaft zu betonen, oder auf Grund der unbestreitbaren Tatsache, dass ihm von der Urgemeinde Äußerungen zugeschrieben wurden, die nicht seinem, sondern ihrem von Ressentiments verdüsterten Geist entsprachen. Indessen war es nicht eine wie immer geartete Rücksicht, sondern seine eigene einzigartige Gotteserfahrung, die ihm sein innovatorisches Gottesbild eingab. Wenn er von dem »neuen Wein« sprach, den er der Menschheit einschenken, und von dem »Feuer«, das er auf die Erde werfen wolle, meinte er damit den die Welt bedingungslos – und (nach Johannes 3,16) bis zur Hingabe seines Sohnes – liebenden Vater, an dem er unerschütterlich bis in die Nacht seines Kreuzestodes hinein festhielt.

DIE SANFTE REVOLUTION

Darin unterschied er sich aber nicht nur von den vorgegebenen Gottesbildern, insbesondere auch von dem seines eigenen Volkes und dem des Islam. Vielmehr führte er damit die größte, wenngleich »sanfte« Revolution der gesamten Religionsgeschichte herbei. Denn er tilgte mit seinem Eingriff den auf dem Gottesbild der Menschheit liegenden Schatten und brachte dort, wo sich diese zugleich angezogen und zurückgestoßen fühlte, das Antlitz des bedingungslos liebenden Vaters zum Vorschein. Damit setzte er dem Zeitalter der Gottesangst ein Ende. Und damit ließ er über der zwischen Furcht und Hoffnung schwankenden Menschheit die Sonne der Erbarmung und des Trostes (2 Korinther 1,3) aufgehen. Denn mit seiner Botschaft durchstieß er die Mauer der Fremdheit Gottes; mit ihr überbrückte er den Abgrund der Gottesferne, mit ihr schuf er Zugang zum Herzen Gottes. Und mit ihr gewann er, soviel an ihm lag, das Menschenherz für diesen von ihm entdeckten, verkündeten, gelebten und erlittenen Gott.

Nur durch ein fatales Missverständnis kann man den Eindruck gewinnen, als werde damit einem Gott der Beliebigkeit und Indifferenz, der alles hinnimmt und auf sich beruhen lässt, das Wort geredet[47]. Das genaue Gegenteil trifft zu; denn dieser Gott, der alles gibt, fordert auch das Äußerste: Gegenliebe aus ganzem Herzen, ganzem Gemüt, ganzer Geistes- und Lebenskraft (Markus 12,30), und das mit einer Entschiedenheit, dass der Mensch in seiner von *Joseph Ratzinger* beklagten Liebesunfähigkeit angesichts dieser Forderung verzweifeln müsste, wenn ihm dieser Gott nicht auch darin zu Hilfe käme. Denn er gibt ihm nicht nur alles, er gibt ihm – sich selbst! Und das heißt, wie schon *Augustinus* erkannte, dass Gott sich im hinfälligen Menschen selber liebt und damit seiner Liebesunfähigkeit ein Ende setzt. So groß, hilfreich und nah ist der Gott Jesu Christi. Darin gründen Anspruch und Anrecht seiner Stiftung auf den Rang einer Weltreligion.

9. DER SCHLÜSSEL

Das authentische Interpretament

Die Neue Theologie würde ihren Namen nicht verdienen, wenn sie sich nicht auf eine neue Lesart der neutestamentlichen Schriften beziehen würde. Das läuft aber keinesfalls auf eine Verwerfung oder gar Verabschiedung der historisch-kritischen Methode der Bibelerschließung hinaus, hinter die, einem von *Ernst Käsemann* bestätigten Wort des in dieser Frage höchst kompetenten *Ernst Troeltsch* zu Folge, »nicht mehr zurückgegangen werden kann«[48]. Indessen darf auch nicht vergessen werden, dass sie eine Frucht der Aufklärung und insbesondere der Evangelienkritik des durch *Lessing* bekannt gewordenen Orientalisten *Hermann Samuel Reimarus* ist, der insbesondere die Ostergeschichten als Produkt eines Jüngerbetrugs auszugeben suchte. Angesichts dieses »Erbschadens« kann die historische Kritik auch nicht gedankenlos hingenommen und als das letzte Wort in der Frage der Schriftinterpretation verstanden werden. Sie ist, mit Paulus gesprochen, eine Methode des »toten Buchstabens«, nicht des »lebendig machenden Geistes« (2 Korinther 3,6). Aber gibt es dazu überhaupt eine Alternative?

DIE ÜBERPRÜFUNG

Die Beantwortung dieser Frage setzt eine Überprüfung der beiden Bestandteile der Begriffsbestimmung voraus. Dabei zeigt sich, dass nicht etwa das Moment »kritisch«, wie es erscheinen möchte, sondern das Adjektiv »historisch« Anlass zu Bedenken gibt. Denn kritisch ist der Gottesglaube von seinem Ursprung her, sofern er aus der Überwindung der polytheistischen »Weltfrömmigkeit«, der *Schiller* nachtrau-

erte, hervorging[49]. Das zeigt sich paradigmatisch am biblischen Weltbild, dem eine Entgöttlichung und »Verweltli-
chung« des im Alten Orient aus Gottheiten gebildeten Kosmos zu Grunde liegt. Das wiederholt sich bei Paulus, der der
Faszination, der die zu den »stummen Götzen« fortgerisse-
nen Gemeinden in ihrer heidnischer Vorzeit verfallen waren, seine These von der Nichtigkeit der »Weltelemente«
entgegensetzte (Galater 4,8–11). Trotz gegenteiligen Anscheins ist das Christentum von diesem seinem Ursprung
her eine weltkritische, aufgeklärte und zur Aufklärung bei-
tragende Religion.

Anders verhält es sich jedoch mit dem Attribut »historisch«. Denn damit verpflichtet sich die Methode einer
Denkweise, für die nach *Hegel* im Grunde nur das »Gewesene« und als solches auf sein gegenständliches »Wesen«
Festzulegende gilt, nicht aber das, was im Fluss ist und stets
neuen Erscheinungsformen entgegenstrebt. Doch gerade
darauf bezieht sich das viel beredete »Wesen des Christentums«. Denn dieses ist immerfort im »Kommen«. So ist es
ihm eingeschrieben durch seine Hinordnung auf das Gottesreich und auf den »neuen Himmel und die neue Erde« als
dessen Endgestalt. Und so ist es ihm eingegeben durch den
Geist, der nach der Verheißung Jesu immer tiefer in seine
Wahrheit einführt. Hier also, an ihrer historischen Komponente, muss die Kritik an der Methode und, besser noch, der
Entwurf einer Alternative zu ihr einsetzen.

DIE ALTERNATIVE

Dem Verwender der historischen Kritik ergeht es wie dem
fiktiven Lord Chandos des *Hugo von Hoffmannsthal*, dem
nach seinem berühmten »Brief« alles »in Teile, die Teile wieder in Teile« zerfiel und nichts sich mehr »mit einem Begriff
umspannen« ließ[50]. Auf der Suche nach den in den Evangelien verarbeiteten »kleinen Einheiten« gelangen der Methode, vor allem in ihrer formgeschichtlichen Gestalt, zwar

76

Bahn brechende Einsichten, nicht jedoch in der Suche nach dem »einigenden Band«. Sie muss der Alternative überlassen bleiben[51]. Dabei wird diese sinngemäß von einem Drei-Stufen-Modell ausgehen.

Auf der Grundstufe erzählen die synoptischen Evangelien die Lebensgeschichte Jesu im Sinn einer schematisierten Biographie, von der Kindheitsgeschichte ausgehend auf das Ende in Kreuz und Auferstehung hin. Darüber wölbt sich, ansatzweise schon bei ihnen, erst recht dann aber im Johannesevangelium ein Bilderfries, der, seinem Ursprung im Osterglauben gemäß, dieselbe Geschichte von rückwärts, also von ihrem Ziel und Ende her erzählt. Bei den Synoptikern bestätigen das die »versprengten«, besser gesagt »vorgezogenen« Ostergeschichten wie die vom Seewandel Jesu (Markus 6,46–51), die die johanneische Szene von der Erscheinung des Auferstandenen »am See von Tiberias« (Johannes 21,1–14) vorwegnimmt, oder die Verklärungsszene (Markus 9,2–10), die auf die Schlussszene des Matthäusevangeliums vorausweist (Matthäus 28,16–20). Im Osterlicht erstrahlt die Gestalt Jesu dann vollends – und jetzt von vornherein – im Johannesevangelium. Über ihm öffnet sich der Himmel, sodass »die Engel Gottes über ihm auf- und niedersteigen« (Johannes 1,51). Er spricht von der österlichen Wiedergeburt »aus dem Wasser und dem Geist« (3,5f.) Seine Stimme wird in die Gräber dringen und die Toten zum Leben erwecken (5,25–29; 11,43f.). Er spendet »Ströme lebendigen Wassers« (7,38f.), wie es dann nach seinem Tod aus seiner durchbohrten Seite quillt (19,34), und schließlich nimmt er die Seinen durch sein Machtwort betend in seine Herrlichkeit auf (17,24).

Nach begründeter Ansicht ist das in seiner Endredaktion vorliegende Johannesevangelium aus einer »Neulektüre« seines Grundtextes hervorgegangen. In seiner durch die Ich-bin-Worte geprägten Diktion reißt Jesus die Aussage des Evangeliums in einer Weise an sich, dass er selbst als der Erzähler seiner Geschichte erscheint. Auch die Passagen, die von ihm berichten, gewinnen dadurch einen neuen Stellen-

und Aussagewert, sodass auch sie als Elemente einer durchgängigen Selbstaussage erscheinen. Da das Johannesevangelium aber fraglos die höchste Reflexionsstufe im Ganzen der neutestamentlichen Schriften darstellt, kann das für die Lektüre der übrigen, insbesondere aber der synoptischen Evangelien, nicht folgenlos bleiben. Was ergibt sich daraus?

DAS INTERPRETAMENT

Mit einem Wort: dass Jesus selbst die von ihm und über ihn erzählte Botschaft ist. Deshalb versichert der Prolog des Evangeliums abschließend:

> *Keiner hat Gott je gesehen. Doch der Gottessohn, der am Herzen des Vaters ruht, der hat die Kunde gebracht (Johannes 1,18)*[52].

Was Jesus am Herzen Gottes, dem Urquell der Liebe, vernahm, hat er der Menschheit mitgeteilt. Da dann aber auch seine Sendung ein göttlicher Liebeserweis war, verschmolz seine Sendung mit seinem Auftrag, sodass er im Grunde nur das zu sagen hatte, was er war. Das ist von denkbar weittragender Bedeutung. Denn in den Evangelien, das johanneische eingeschlossen, häufen sich die Drohworte und Gerichtsankündigungen, die der vom Johannesprolog gegebenen Direktive denkbar scharf widersprechen. Zwar vermochte die historisch-kritische Methode nachzuweisen, dass ein Großteil dieser Worte sekundären Ursprungs ist und der Urgemeinde entstammt, die ihre Probleme und Ressentiments auf Jesus zurückspiegelte und ihm demgemäß auch Droh- und Gerichtsworte in den Mund legte. Indessen bleibt auch dann ein Restbestand, der Jesus in Widerspruch zu seiner Sendung und zu sich selbst zu bringen scheint.

Die Lösung ergibt sich aus dem, was der Schluss des Johannesprologs insinuiert. Danach muss Jesus an jedes Schriftwort als Interpretament herangetragen werden, weil es nur so der Identität von Botschafter und Botschaft entspricht. Wenn dies geschieht, verblassen die Drohworte bis zu einem

Grad, in dem sie nur noch auf den Ernst und die Dringlichkeit seiner Aussagen hinweisen. Doch geschieht dann auch das Gegenteil: Worte, die in der Gemengelage mit den übrigen unterzugehen drohten, gewinnen unversehens an Leuchtkraft und Gewicht. So wird das Wort von dem Menschensohn, »der nicht gekommen ist, um sich bedienen zu lassen, sondern um zu dienen« (Markus 10,45), geradezu zum Leit- und Schlüsselwort des ganzen Evangeliums. Und nicht weniger behält *Kierkegaard* Recht, wenn er seiner ›Einübung im Christentum‹ die große Einladung Jesu an die Bedrückten und Beladenen (Matthäus 11,28) zu Grunde legt, und dies mit der Begründung:

> *Mit der stillen und aufrichtigen Beredsamkeit der Tat drückt es sein Leben aus, auch wenn er dieses Wort – »kommt her zu mir alle, die ihr bedrückt und beladen seid« – nie gesprochen hätte. Er steht zu seinem Wort, oder vielmehr: Er ist, was er spricht.*[53]

Das kommt einer grundsätzlichen Leseanweisung gleich. Hatte es zunächst den Anschein, als müsse Jesus nur im Interesse der Egalisierung seiner Botschaft als Interpretationshilfe in Anspruch genommen werden, so zeigt sich jetzt, dass er grundsätzlich an jeden seiner Aussprüche und an jede Aussage über ihn als Interpretament herangetragen werden muss, weil nur dann seine Botschaft im Einklang mit ihm zu vernehmen ist und weil nur dann seine Stimme den Text des Evangeliums durchdringt.

10. WER BIST DU?

Fragend und befragt

Wer mit *Nikolaus von Kues* auf die »große Stimme« achtet, die im Gang der Offenbarungsgeschichte, besonders aber in der Lebensgeschichte Jesu ertönt, und wer mit *Kierkegaard* den Leidenston vernimmt, der sogar die freudigsten Worte Jesu durchstimmt, wird bemerken, dass die gesamte Jesus-vita von einer Frage durchzogen ist, die gerade an deren entscheidenden Wendepunkten ausdrücklich wird. Sie erklingt im Grund schon im Wort des Zwölfjährigen, der sich nach dem Ende der lukanischen Kindheitsgeschichte vor eine zweifache Zugehörigkeit gestellt und dadurch so auf sich selbst zurückverwiesen sieht, dass das Dasein für ihn zu einer »großen Frage« wird. Wie der in eine Lebenskrise geratene junge *Augustin* erkannte, ist das die Frage des Menschen nach seiner Identität und dem Sinn seines Daseins[54]. Von daher entschlüsselt sich dann der Zuspruch der Himmelsstimme »Du bist mein geliebter Sohn« (Markus 1,11), der bei seiner Taufe, genauer noch bei seinem Gebet nach der Taufe (Lukas 3,21), an ihn ergeht. Dabei geht es weder um eine Ernennung noch um eine Inthronisation, sondern um die Beantwortung der in ihm aufgestauten Sinnfrage. Mit deren Rückendeckung macht er sich sodann an das ihm mit dieser Antwort aufgetragene Werk.

Wenn er in der Folge mit der Ankündigung in der Öffentlichkeit auftritt:

> *Die Zeit ist erfüllt und das Reich Gottes ist nah. Kehrt um und glaubt an die Heilsbotschaft (Markus 1,15),*

verkündet er sich im Grunde selbst. Denn »Reich Gottes« ist, wie schon der größte Theologe der altchristlichen Zeit, *Origenes*, erkannte, eine Metapher für die weltweit veräußerte und weitergegebene Gottessohnschaft Jesu[55]. Das bestätigte Jesus, indem er seiner Botschaft mit dem Einsatz seiner Wunder- und Heilkraft Nachdruck verlieh. Nur weil er sich selbst in ihr vergegenwärtigte, konnte er versprechen, durch sie die große, von allen mit Ausnahme der Mächtigen und Unbelehrbaren ersehnte Weltwende herbeizuführen.

Seine Tragik bestand dann aber darin, dass er, ausgerechnet in dem Augenblick, da er sich nach der Darstellung des Johannesevangeliums als der lebensspendende Kern seiner Botschaft zu erkennen gab, auf Unverständnis und Ablehnung stieß. Als er auf dem Höhepunkt seiner Brotrede erklärt:

Ich bin das Brot des Lebens (Johannes 6,48),

schlagen ihm Unverständnis und Hass entgegen, und es kommt zum großen Massenabfall, der seinem Anfangserfolg ein jähes Ende setzt und ihn selbst in eine tiefe Sinnkrise stürzt (Johannes 6,66–69). Man tut gut daran, die Gedankenführung an dieser Stelle dem anderen großen Leser des Evangeliums, *Martin Buber,* zu überlassen. Denn für ihn ist Jesus hier an die »Wegscheide seines Schicksals« gestellt, an der er sich in seiner Herzensnot an seine Jünger und Schüler mit der ihm selbst unbeantwortbar gewordenen Frage wendet, »wer« er sei[56]. Da sich der Himmel über ihm verdunkelte, rafft sich Petrus auf, um an dessen Stelle mit dem Bekenntnis zu antworten: »Du bist der Messias, der Sohn des lebendigen Gottes« (Matthäus 16,16). Mit diesem, wie Jesus nachdrücklich bestätigt, Gotteswort aus Freundesmund hilft ihm der Jünger, die letzte Wegstrecke, den Todesweg nach Jerusalem, zu bewältigen. Dort erwartet ihn eine neuerliche Prüfung in Form der Umkehrung der bewältigten Krisenstunde, wenn er sich vor das Tribunal des Hohepriesters gestellt und von diesem befragt sieht. Buber verdeutlicht das mit den Worten:

»Wer bist du?« ist er nun selber gefragt worden, wie er einst die Jünger fragte, wer er sei. Er aber, mit fernen Augen, antwortet dem Sinn nach: »Ihr werdet den sehen, der ich werden soll«. Er sagt es nicht, aber es gibt Hörer, die es zu hören meinen, weil sie ihn, den Sehenden, sehen.

Damit gibt Buber sogar eine einzigartige Erklärung der Ostererscheinungen. Sie haben für ihn den Charakter eines Blickdialogs mit Jesus. Er wird von den Zeugen gesehen, weil er sie in die Schau seiner künftigen Herrlichkeit hineinnimmt. Sie sehen ihn also, weil sie von ihm gesehen sind[57].

DER NOTSCHREI

Die letzte und äußerste Prüfung erwartet Jesus am Kreuz. Angesichts seiner Verlassenheit von Gott und der Welt wendet er sich, wie der Hebräerbrief sagt, »unter lautem Wehgeschrei und Tränen« an den, von dem er sich verlassen fühlt (Hebräer 5,7). Ihm, der seine Botschaft so wortgewaltig und bewegend ausgerichtet hatte, gerinnt das Wort zu einem einzigen unartikulierten Schrei. Doch mit diesem reißt er den schweigenden Himmel auf. Nach dem Hebräerbrief ist er »erhört und aus seiner Todesnot befreit worden«. Und das besagt: Gott antwortete weder mit einem Zuspruch noch mittelbar mit der Rettungsaktion helfender Freunde, wohl aber mit und durch sich selbst. Mit seinem rettenden Selbsterweis nimmt er den Sterbenden auf in seine Lebensfülle. Die Auferstehung erfolgt schon am Kreuz.

Wenn aber die Auferstehung die Antwort des Himmels auf den Notschrei des Gekreuzigten war, hatte dieser den Charakter einer Frage. Dann stellte sich Jesus in diesem Schrei mit allem, was er war und von sich wusste, selbst in Frage. Mit ihr gab er sein ganzes Lebenswerk, beginnend mit seiner Entdeckung des neuen Gottes bis hin zu seinem Versuch, Israel von seinem Weg der Gewalt abzubringen, verloren, doch so, dass er sich damit an den schweigenden Gott wandte und ihm das Urteil überließ. Der aber »sprach« sein Urteil, wie es seiner Geschichtsmacht zukommt, nicht in einem Wort, sondern in Form des denkbar größten Eingriffs ins Weltgeschehen. Und der bestand darin, dass er im Fall des Gekreuzigten, paradigmatisch für alle gleich ihm zum Tode Bestimmten, das Gesetz der universalen Todverfallenheit durchbrach und den vom Tod erweckte, der vom Tod verschlungen zu werden drohte. So entsprach dem unartikulierten Todesschrei Jesu eine gleichfalls übersprachliche Antwort. Gott brach in der Todesstunde Jesu sein Schweigen, indem er den Gekreuzigten, prospektiv für alle, die gleich ihm unter dem Joch der Todesfurcht (Hebräer 2,15) und Todverfallenheit stöhnten und stöhnen, an sein Herz zog und in seine Lebensfülle aufnahm.

11. ICH BIN ES

Die umfassende Antwort

Im Lukasevangelium kündet Jesus für die Endzeit Widersacher an, die sich in seine Sprache mit den Worten hineinspielen:

Ich bin es, und: Die Zeit ist da! (Lukas 21,8)

Mit der ersten Wendung usurpieren sie die johanneischen Ich-bin-Worte, mit der zweiten seine von den Synoptikern überlieferte Reich-Gottes-Verkündigung. Da sie beides in einem Atemzug behaupten, geben sie zu verstehen, dass beide Formen der Verkündigung, die johanneische wie die synoptische, für sie zusammengehören. Gehört aber auch das zu ihrem Betrug, oder sind sie darin womöglich im Recht? Das kann nur eine Überprüfung entscheiden.

DAS WORT VOM REICH

Nach dem Markusbericht beginnt Jesus seine Lehrtätigkeit mit den Worten:

Die Zeit ist erfüllt, und das Reich Gottes ist nah. Kehrt um und glaubt an die Heilsbotschaft! (Markus 1,15)

Getragen weiß er sich dabei vom Zuspruch der Himmelsstimme, die ihn seiner Gottessohnschaft versicherte. Da diese Zusage ein Wort der Liebe war und diese ihrer Natur nach zur Selbstmitteilung drängt, war er dazu angehalten, sein Glück weltweit zu veräußern, um alle in seine Gottessohnschaft einzubeziehen. Das fasste *William Wrede* in den programmatischen Satz zusammen:

Christus, der Sohn Gottes, gibt die Sohnschaft auf und wird ein elender Mensch wie wir, damit wir, die Menschen, zu Söhnen Gottes werden[58].

Da Jesus mit der an ihn ergangenen Zusage aber unmöglich an die Öffentlichkeit treten konnte, bedurfte es eines Mittelbegriffes, der seine Gottessohnschaft ebenso verhüllt wie unmissverständlich sagbar machte. Diesen Mittelbegriff fand Jesus in dem ihm aus prophetischer Tradition vorgegebenen Begriff »Reich Gottes«. Er war das Gefäß, in das er das ihm zugesprochene Selbstverständnis ungefährdet einbringen konnte. Mit ihm stand Jesus aber auch vor einer Sprachbarriere, die nur mit Hilfe einer schöpferischen Großtat durchbrochen werden konnte. Denn auf die Frage der Pharisäer nach der Ankunft dieses Reiches muss Jesus gestehen:

Das Gottesreich kommt nicht in sichtbarer Gestalt. Man kann auch nicht sagen: Seht, es ist hier oder dort. Es ist mitten unter euch. (Lukas 17,20)

Wenn sich das Gottesreich aber jeder Veranschaulichung ebenso wie der Einbringung in die Koordinaten von Raum und Zeit entzog, blieb nur der Weg einer Umschreibung, den Jesus mit seiner stupenden Sprachleistung, der Schaffung seiner Gleichnisse, beschritt. Dabei ging es darum, das Ungegebene mit Hilfe von Gegebenheiten und das Göttliche im Medium des Alltäglichen zu vergegenwärtigen[59]. Gleichnisse sind ein weltliches Reden von Unweltlichem. Bei seiner Stoffsuche griff Jesus keineswegs nach den Sternen, sondern in den Staub der Erde, um Bilder für das Unschaubare zu gewinnen. Im Unterschied zu den Propheten, die von himmlischen Visionen sprachen, setzte er beim pflügenden Tagelöhner, beim unbeirrbaren Sämann, bei den Frauen am Backtrog und beim Hausputz, beim selbstvergessen helfenden Samariter, beim Gestrandeten am Schweinetrog, beim enttäuschten Gastgeber, beim gottlosen Richter und beim betrügerischen Verwalter an, um mit deren Hilfe ein einzigartiges Sprachspiel um das zentrale Thema des Gottesreichs in Gang zu setzen. In zwei Fällen lässt er sogar durchblicken, dass er sich dabei selbst im Auge hat: im Gleichnis vom dienenden Herrn, der bei seiner späten Heimkehr, hocherfreut über die Wachsamkeit seiner Dienerschaft, diese zu Tisch bittet, um sie zu bewirten; sodann im Gleichnis vom fürbittenden Weingärtner, der sich mit geradezu verzweifelter Hingabe für den unfruchtbaren Feigenbaum einsetzt[60]. Schimmert im ersten Fall die Gestalt des Menschensohnes durch, der nicht gekommen ist, um sich bedienen zu lassen, sondern um zu dienen, so im zweiten die Gestalt dessen, der seine Hände nach dem verblendeten Jerusalem ausstreckt, um es vor dem drohenden Untergang zu bewahren und dann doch resignierend gestehen muss: »ihr aber habt nicht gewollt« (Lukas 13,34).

DIE LICHTERKETTE

Der Unterschied zur Zentralaussage des Johannesevangeliums, auf das die endzeitlichen Widersacher mit ihrem usurpierten »Ich bin es« anspielen, könnte größer nicht sein. Sie ist der Serie der Ich-bin-Worte zu entnehmen, die das Evangelium wie eine Lichterkette durchzieht und dadurch insgeheim strukturiert. Denn in seiner Grundschicht erzählt auch das Johannesevangelium die Geschichte Jesu im biographischen Sinn und in mancher Hinsicht sogar detailgenauer als die Synoptiker. Hier aber, in den Ich-bin-Worten, spricht Jesus von vornherein aus der Position des Vollendeten und zu Gott Erhöhten. Doch dies nicht etwa in einer abgehobenen, sondern gleichsam »geerdeten« und auf die menschliche Lebenswelt bezogenen Sprache, also umgekehrt wie im Fall seiner Gleichnisse. Spricht er dort auf weltliche Weise von Unweltlichem, so hier auf unweltliche Weise von Weltlichem. Unausdrücklich geschieht das bereits im Gespräch mit der Samariterin, der sich Jesus zuletzt mit seinem machtvollen »Ich bin es« (Johannes 4,26) präsentiert. Im Sinn des Gesprächsverlaufs hätte er sich ihr auch als Inbegriff des lebendigen Wassers vorstellen können. Ausdrücklich erfolgt diese Identifikation dann aber in der Brotrede, wenn Jesus auf deren Höhepunkt erklärt: »Ich bin das Brot des Lebens« (6,35;48) ebenso, wenn er sich dann beim Laubhüttenfest in aller Form als Spender lebendigen Wassers zu verstehen gibt (7,37f.), wenn er sich bei der Heilung des Blindgeborenen »das Licht der Welt« (9,5), in der Hirtenrede »die Tür« (10,9) und den »guten Hirten« (Johannes 10,11), bei der Auferweckung des Lazarus »die Auferstehung und das Leben« (11,25) und zu Beginn der Abschiedsreden »den Weg, die Wahrheit und das Leben« (14,6) nennt[61].

Anders als in seinen Gleichnissen lässt sich Jesus in diesen Aussagen nicht auf die Alltagswelt ein; vielmehr greift er aus dieser signifikante Gegebenheiten wie Licht, Brot und Leben, Weg und Tür, aber auch Sinnfiguren wie den Hirten und Hoffnungsgüter wie die Auferstehung heraus, um sie an sich zu reißen und mit sich als neuem Inhalt zu erfüllen. Dadurch entsteht eine an das platonische Ideenreich erinnernde »Überwelt«, die Jesus beziehungsreich mit seiner »Wahrheit« gleichsetzt.

Mit »Wahrheit« ist ein Reizwort gefallen, das spontan den Bezug zur Gegenwart und zur Neuen Theologie herstellt. Denn in der unlängst entbrannten ökumenischen Kontroverse zeigte sich, dass sich diese ausschließlich auf die aus der Verspannung des Evangeliums mit hellenistischen Denkformen hervorgegangene »christliche Wahrheit« bezog, während die Frage nach der »Wahrheit Christi« weitgehend in Vergessenheit geriet. Doch gerade sie ist der Horizont, innerhalb dessen sich die Neue Theologie konstituieren und entfalten muss. Damit steht sie vor der hermeneutischen Aufgabe, das, was Jesus als Botschafter und Botschaft verkörpert, auszulegen, verstehbar zu machen und auf die Zentralprobleme des religiösen Lebens anzuwenden. Schon im ersten Hinblick zeigt sich, dass das ihrem Wesen nach eine unabschließbare Aufgabe ist, bei deren Lösung sich Demut und Hoffnung die Waage halten müssen.

12. ALLES MACHT ER GUT

Der Beweis des Geistes und der Kraft

Jesus ließ nie einen Zweifel daran, dass er seinem Wort Wirkmacht zuschrieb. »Feuer« wollte er mit ihm auf die Erde werfen, um sie in Brand zu setzen (Lukas 12,49). Und seine Hörer bestätigten ihm dies mit dem erstaunten Ausruf:

> *Was ist das? Eine neue Lehre; und sie wird mit Vollmacht vorgetragen (Markus 1,27).*

Dennoch setzte er nicht nur auf die performative Kraft seiner Rede, vielmehr verlieh er ihr zusätzlich Nachdruck durch seine Wundertätigkeit. Das lässt aber keineswegs auf eine Trennung von Wort und Tat schließen, sondern umgekehrt darauf, dass Jesus beide in engstem Verweisungs- und Wirkzusammenhang erblickt.

WORT UND TAT

Erst für den von Zweifeln angefochtenen Faust gilt:

> *Ich kann das Wort so hoch nicht schätzen,*
> *ich muss es anders übersetzen,*

bis er nach zwei vergeblichen Anläufen schließlich zu der Scheinlösung gelangt:

> *Mir hilft der Geist, auf einmal seh ich Rat*
> *Und schreibe getrost: Im Anfang war die Tat*[62].

Für Jesus gehören dagegen Wort und Tat so eng zusammen, dass in seiner Sicht das Wunder als ein getätigtes Wort und dieses als eine gesprochene Tat zu gelten haben. Das spiegelt sich in seinem Zuspruch »dein Glaube hat dir geholfen«, der sich wie im Fall des Blinden von Jericho auf die Heilung des ganzen Menschen bezieht (Markus 10,52) und deshalb auf eine Funktionsgleichheit von Wunder und Lehre schließen lässt; vor allem aber in dem Wort, mit dem er den Vorwurf, bei seinen Wundern im Satansbund zu stehen, zurückweist:

Wenn ich aber mit dem Finger Gottes die Dämonen austreibe, ist das Reich Gottes schon zu euch gekommen (Lukas 11,20).

Das Wunder ist diesem Ausspruch zufolge eine tathafte Verkündigung – und Vergegenwärtigung – des Gottesreiches. Doch signalisiert nicht gerade dieses Wort von den Dämonenaustreibungen Jesu – und dabei handelt es sich um die bestbezeugten seiner Wundertaten – die schier unüberbrückbare Distanz zwischen seiner und der heutigen Denkwelt? Und leitet sich dieses Unbehagen nicht radikaler noch von der Tatsache her, dass die Theologie im Interesse ihrer Ausgestaltung zu einer strengen Wissenschaft ganze Dimensionen ihrer Anfangsgestalt abstieß, darunter noch vor der ästhetischen und sozialen die therapeutische? Hier kommt somit zusätzlich zum weltbildbezogenen Paradigmenwechsel ein innertheologisch begründeter Entfremdungsprozess ins Spiel[63].

Indessen gelang es der historischen Kritik, einige dieser Vorbehalte aufzuklären und zu entschärfen. Zum einen wies sie nach, dass es bei einigen der besonders spektakulären Wunder wie dem der sogar zweifach erzählten Brotvermehrung um Übertragungs- und Überbietungsaussagen alttestamentlicher Wunderszenen handelt, die Jesus, wie es dann die Verklärungsperikope bestätigt, als den »neuen« Mose und Elija erscheinen lassen (Markus 9,4) Sodann wies der Exeget *Reginald H. Fuller* mit gutem Grund darauf hin, dass die Wunderberichte »mehr dem Eindruck, den das Wirken Jesu bei seinen Jüngern und im Volk hinterlassen hatte, als bestimmten historischen Vorgängen entsprechen«[64]. Doch mit allen diesen Erklärungen ist der Grabenbruch nicht überwunden, der gerade in der Wunderfrage zwischen der Vorzeit Jesu und der Gegenwart besteht. Wie kann er überwunden werden?

DAS GOTTESWUNDER

Zur Beantwortung dieser Frage verhilft die Suche nach dem Motiv, das die Evangelisten zur Würdigung Jesu als Wundertäter veranlasste. Eine erste Beobachtung bezieht sich darauf, dass Jesus die ihm entgegengebrachte Bewunderung an Gott zurückverweist, bei dem »alles möglich« ist (Markus 10,27). Die Zeugen seiner Machttaten sollen erkennen, dass Gott in ihnen am Werk ist, um die Leidverhaftung seiner Schöpfung zurückzudrängen und ihr das Gepräge seines Reiches zu verleihen. Doch damit nicht genug; vielmehr stellt sich Jesus, wie im Fall der Kanaanäerin, die ihn mit ihrem Verständnis für die anfängliche Verweigerung geradezu überwältigt hatte, auf die Seite der Geretteten. Und mit dem bewundernden Wort »dein Glaube ist groß; dir geschehe, wie du gewollt hast« (Matthäus 15,28) verweist er die Wundertat letztlich an die Bittstellerin zurück. Das aber lässt einen Grad der Mitbetroffenheit erkennen, der ihn unverkennbar in der Figur des »verwundeten Arztes« erscheinen lässt, der sich (nach Lukas 4,23) zuerst selbst heilen muss, bevor er andern seine Heilkraft zuwenden kann.

So aber erscheint das Wunder in einer zuvor nicht genannten Weise als seine ureigene Sache. Jesus wirkt nicht nur die von ihm berichteten Wundertaten; vielmehr drängt sich der Rückschluss auf, dass er selbst das in ihm und durch ihn gewirkte Gotteswunder ist. Wenn aber dieser Schluss zutrifft, muss zu den bestehenden Prädikaten Jesu ein weiteres hinzugefügt werden. Nachdem der Exeget *Eduard Schweizer* Jesus im Blick auf seine Sprachschöpfung »das Gleichnis Gottes« nannte, muss er nun ebenso als das große und nie genug zu würdigende »Wunder Gottes« bezeichnet werden[65]. Dadurch verlieren die Wunderberichte der Evangelien kaum an Gewicht. Sie bleiben eine Herausforderung an die Theologie, sich über ihre Entfremdung vom therapeutischen Denken des Evangeliums Rechenschaft zu geben und Initiativen zur Wiedergewinnung der verlorenen Dimension zu ergreifen. Doch erscheinen sie nun zusätzlich als Einübung in die neue Sicht Jesu als des in ihnen letztlich gemeinten Gotteswunders.

DER RÜCKSCHLUSS

Für die Neue Theologie besagt das, dass sie ihren zentralen Ansatz ebenso ergänzen wie vertiefen muss. Zwar steht in ihrem Zentrum von Anfang an der mit seiner Botschaft identische Botschafter, der als das lebendige Interpretament an die neutestamentlichen Zeugnisse herangetragen werden muss, damit sie sich in ihrer Bedeutungsfülle zunehmend erschließen. Dem muss nun der hinzugefügt werden, der ebenso mit seinem Heil bringenden Wirken wie mit der von ihm verkündeten und gelebten Botschaft identisch ist. Eine Vertiefung ergibt sich dabei hinsichtlich des Verhältnisses zu ihm. Galten dem Offenbarer die Anerkenntnis und der Dank dafür, dass er die undankbare Aufgabe auf sich nahm, der die Finsternis bevorzugenden Welt die rettende Kunde zu bringen, so tritt zur Dankbarkeit nun staunende Bewunderung hinzu. Mit dem Staunen kommt überdies ein vorantreibendes Moment ins Spiel. Denn es entdeckt an seinem Gegenstand immer neue Seiten und Qualitäten. Gerade so entspricht es dann auch dem unabgeschlossenen Charakter der Neuen Theologie.

Der Gewinn, den sie damit einbringt, bezieht sich aber in erster Linie auf die von ihr umkreiste Wahrheit Christi. Leuchtete diese zunächst im Antlitz Jesu auf, während sie gleichzeitig aus seinem Sprachverhalten hervorging, so bezieht sie sich nunmehr auch auf seinen Hilfs- und Liebeswillen. Sie erweist sich damit als Spiegelung und Ausdruck seines Herzens. Zwar meinte *Rudolf Bultmann*, wie es im Herzen Jesu ausgesehen habe, wisse er nicht und wolle er nicht wissen[66]. Für die Neue Theologie gilt das Gegenteil. Sie ist der stets neu einsetzende Versuch der verstehenden Einfühlung in die Gesinnung seines Herzens (Philipper 2,5).

13. WAS HALTET IHR VON CHRISTUS?

Die große Anfrage

Auf die von ihm aufgenommene und selbst gestellte Frage, »wer er sei«, antwortete Jesus mit seinem reich orchestrierten »Ich bin es«. Dennoch hat sich damit das Volumen der Frage nicht erschöpft. In der Auseinandersetzung mit den Pharisäern gibt er sie vielmehr an diese mit der Gegenfrage zurück:

> *Was haltet ihr von Christus? Wessen Sohn ist er?*
> *(Matthäus 22,42).*

Die Frage erhält ihr volles Profil dadurch, dass Jesus die vorschnelle Antwort der Gegner: »Der Sohn Davids« mit dem Hinweis auf ein gegensinniges Psalmwort nicht gelten lässt und seine Kontrahenten dadurch zum Schweigen bringt (Matthäus 22,23–26). Doch dieses Schweigen wird durch den Einwurf Jesu beredt. Denn der Einwurf entstammt dem Wissen um seine wahre Identität. Daher ertönt aus der Mitte dieses Schweigens eine unhörbare Stimme mit der einzig richtigen Antwort: »Der Sohn Gottes«. Ohne die Davidssohnschaft Jesu in Frage zu stellen, hatte sich doch schon die hellenistische Urgemeinde zu dieser Einsicht erhoben. Sie referiert Paulus zu Beginn seines Römerbriefs mit dem Bekenntnis:

> *Er entstammt dem Fleische nach dem Geschlechte Davids. Dem*
> *Geist der Heiligkeit nach aber wurde er eingesetzt zum Gottessohn*
> *mit Macht durch die Auferstehung von den Toten (Römer 1,3 f.)[67].*

Doch wie kam die Urgemeinde zu dieser Einsicht, die sich in der angeführten Gesprächsszene so dramatisch entfaltet?

DIE HERKUNFT

Sicher nicht auf dem Weg der Überlieferung der Taufszene, in der Jesus die Gottessohnschaft durch die Himmelsstimme zugesprochen wird. Denn abgesehen davon, dass nach der ältesten Bezeugung Jesus der einzige Hörer des Zuspruchs war und an eine Weitergabe des Erlebnisses durch Jesus an andere nicht zu denken ist, hat die Szene alle Anzeichen der Rekonstruktion. Ihrer ganzen Signatur nach verweist sie auf die Quelle, in der die Gottessohnschaft Jesu entdeckt wurde. Kaum braucht dem hinzugefügt zu werden, dass auch alle Herleitungen aus dem jüdischen oder ägyptischen Thronritual, selbst wenn die Texte dafür sprächen, nicht in Betracht kommen. Denn dadurch würde der Grund des Selbstverständnisses Jesu ebenso verschüttet wie der, der die Urgemeinde zu dieser Prädikation veranlasste. Dabei wird beides in Betracht gezogen werden müssen: der Anlass, der Jesus zum Wissen um seine Gottessohnschaft führte, und der Grund, der die Urgemeinde zu diesem Würdeprädikat veranlasste.

Was zunächst die Herkunft des Wissens Jesu um seine Gottessohnschaft anlangt, so führen neuere Versuche, dieses auf sein Selbstbewusstsein als Mystiker zurückzuführen, in die Irre. Denn Jesus war, mit *Rudolf Hoppe* gesprochen, zwar vermutlich ein Visionär, der den Satan »wie einen Blitz vom Himmel fallen« sah (Lukas 10,18), aber kein Mystiker, sondern Entstehungsgrund und Gegenstand aller christlichen Mystik. Auch spricht das Weggespräch von Cäsarea Philippi dafür, dass er eher rezeptiv als spontan zum Wissen um seine Identität gelangte. Daher die geradezu euphorische Reaktion auf die Zusage der Gottessohnschaft durch den für die christliche Gemeinde sprechenden Petrus (Matthäus 16,16). Wie aber kam dann die Gemeinde zu dieser Einsicht?[68]

Wenn man den vom Eingang des Römerbriefs gegebenen Fingerzeig beachtet, dann allein aufgrund der Auferstehung Jesu. Denn sie konnte nur bedeuten, dass der Gekreuzigte durch diesen einzigartigen Eingriff Gottes dem Gesetz der universalen Todverfallenheit entrissen und in ein transkreatürliches Gottesverhältnis aufgenommen wurde, das nur als ein genealogisches, also als Aufnahme in die Gottessohnschaft, begriffen werden konnte. Die Urgemeinde aber wusste darum, weil die Osterzeugen den Auferweckten nicht nur sahen, sondern im Zug ihres Erlebnisses in seine Auferstehung hineingenommen wurden. Nur so sind die Umkehr von ihrer Flucht (Markus 14,50) und die Rückkehr aus dem relativ sicheren Galiläa in das toddrohende Jerusalem zu erklären. Hineingenommen in den Wirkkreis der Auferstehung, wich die Angst von ihnen, die sie aus Jerusalem, der Stadt des Todes und der Todesdrohung, vertrieben hatte, während sie sich gleichzeitig zum Zeugnis für ihr Ostererlebnis bewogen und berufen fühlten. Auf einer höheren Reflexionsstufe wussten sie sich dadurch zudem der Angst besetzten Kreatürlichkeit überhoben und in ein Nahverhältnis zu Gott versetzt, das sie in der Folge als ihre Erhebung zur Gotteskindschaft verstehen lernten. Dazu halfen ihnen insbesondere die Aussagen, mit denen ihnen Paulus diese Erhebung in ein genealogisches Gottesverhältnis sowohl im Galater- wie im Römerbrief (Galater 4,4ff.; Römer 8,15) vor Augen führte. Im Rückschluss auf Jesus, den Urheber ihrer Verwandlung, begriffen sie dann aber immer mehr, dass das neue Gottesverhältnis, in das sie sich aufgenommen sahen, primär und grundlegend ihm zukam, sodass sie ihn von nun an als den durch seine Auferstehung bestätigten Gottessohn erkannten.

Den Evangelisten aber legte es sich dann aus grundsätzlichen wie gestalterischen Gründen nahe, diese Einsicht szenisch zu entfalten, auf den Anfang ihrer Darstellung zurückzublenden und die von ihnen erzählte Lebens- und Berufungsgeschichte Jesu damit beginnen zu lassen. Grundsätzlich sprach dafür außerdem die Tatsache, dass sie nur durch die Auferstehung Jesu zu dem Perspektivenwechsel geführt worden waren, der sie in dem scheinbar total Gescheiterten und dazu (nach Galater 3,13) mit dem göttlichen

Fluch Belasteten den von Gott Gerechtfertigten und zum Kyrios Erhöhten (Philipper 2,11) erkennen ließ und der sie dadurch zur Abfassung ihrer Schriften veranlasste. Doch sprachen auch gestalterische Gründe für dieses Verfahren, weil sie damit den zentralen und auf das Ganze ihrer Darstellung ausstrahlenden Ausgangspunkt gewannen. Vorausgesetzt ist dabei nur, dass man die Anfänge der Evangelienschriften als verschlüsselte Ostergeschichten lesen lernt und auf die mit den vorgezogenen Osterszenen gegebene Lesehilfe achtet.

DIE BEDEUTUNG

Die Bedeutung dieses Verfahrens bestand darin, dass die Lebensgeschichte Jesu jetzt auf neue, hochdramatische Weise lesbar zu machen war. Denn jetzt erlebt Jesus die ihm zugesprochene Gottessohnschaft als Auftrag, sie an die ihm zugewiesenen Menschen weiterzugeben. Jetzt werden die »Flügel«, unter die er die Bewohner Jerusalems bergen möchte, um sie vor dem drohenden Untergang zu bewahren, als Bild der Gottessohnschaft erkennbar, in die er sie schützend und zum Gewaltverzicht bewegend hineinnehmen wollte. Vor allem aber wird dann die Suche Jesu nach einem Mittelbegriff verständlich, der es ihm ermöglichte, seine Gottessohnschaft in eine mitteilungsfähige Form zu gießen. Und nicht zuletzt gewinnt jetzt die todbringende Frage des Hohepriesters, ob der Angeklagte der »Sohn des Hochgelobten« sei (Markus 14,61), ihre herausfordernde Schärfe. Wie eine feierliche Replik wirkt schließlich das Urteil des Zenturio, als er Jesus laut schreiend sterben sieht:

Wahrhaftig, dieser Mensch war Gottes Sohn! (Markus 15,39)

Mit einem musikalischen Vergleich umschrieben wirkt die Lebens- und Leidensgeschichte Jesu so wie eine Variationenfolge über das Thema »Sohn Gottes« und damit über die Frage »Was haltet ihr von Christus?« oder, radikaler noch gefragt: »Wer bist du?« Die einzig vollgültige Antwort gibt darauf der Tod Jesu, die nach dem Wort des Zenturio lautet: Sohn Gottes! In diesem Wort wird der unartikulierte Todesschrei, mit dem Jesus (nach Markus 15,37) stirbt, beredt, dies jedoch so, dass er neue Fragen aufwirft, darunter insbesondere die nach dem Grund und Sinn seines Todes[69].

14. WARUM MUSSTE ER STERBEN?

Die Folgen der Ablehnung

Wenn Jesus die befreiende Innovation im Gottesverhältnis der Menschheit herbeiführte und damit als der ebenso größte wie hilfreichste Revolutionär der Religionsgeschichte zu gelten hat, drängt sich unabweislich die Frage nach dem Grund seines tragischen Schicksals auf. Warum wurde er dann nicht, wie es für einen Augenblick bei seinem Einzug in Jerusalem den Anschein hatte, als Triumphator gefeiert, sondern ans Kreuz geschlagen? Das Johannesevangelium hält darauf eine hintergründige Antwort bereit: »Weil die Menschen die Finsternis mehr liebten als das Licht.« (Johannes 3,19)

DER HINTERGRUND

Damit bestätigt es die These *Ratzingers* von der Liebesunfähigkeit der Menschen. Gleichzeitig verweist das Wort auf deren Grund, indem es von einem Hang des Menschen zum Dunklen, Bösen und Negativen spricht. Bei allem Liebesverlangen des Menschen gibt es danach in ihm einen Widerstand gegen dessen Erfüllung, ein Aufbegehren gegen das Glück, geliebt zu werden. Paulus, der vom Zwiespalt des zur Freude am Gesetz neigenden und gleichzeitig sich ihm verweigernden Menschen sprach (Römer 7,18–23), entdeckte auch dessen Ursache. Es ist der Tod, die für den Menschen letztlich unannehmbare Tatsache seines Sterbenmüssens, was ihn zum Bösen anstachelt und ihn zum Hasser, wenn nicht gar zum Mörder, aber auch zum Feind seiner selbst werden lässt (1 Korinther 15,55f.) Die Folgerung liegt auf der Hand: Der Mensch müsste zur Liebe bekehrt und bewogen werden, wenn der dunkle Hang in ihm überwunden werden soll. Wie so oft steht auch hier der Fordernde zur Hilfe bereit. Denn das Christentum ist im Grund eine einzige Überredung zur Liebe, deutlicher noch gesagt: die große, aber nur zu oft in eine Kriegserklärung umgefälschte Liebeserklärung Gottes an die Menschheit.

Es war die Tragik Israels, dass Jesus so nicht verstanden wurde, obwohl sein großer Appell vom Schmerz einer abgewiesenen Liebeswerbung getragen war:

> *Jerusalem, Jerusalem, du tötest die Propheten und steinigst die zu dir gesandten Boten. Wie oft wollte ich deine Kinder um mich sammeln, so wie eine Henne ihre Küken unter ihre Flügel nimmt; ihr aber habt nicht gewollt (Lukas 13,34).*

Zu dem menschlichen Widerstand kam ein religiöser hinzu. Denn die Botschaft Jesu war auch in dem Sinne revolutionär, dass sie im Fall ihrer Annahme zu einer völligen Umgestaltung des bestehenden Religionssystems, zum Ende des Opferkults und zu einer Spiritualität »im Geist und in der Wahrheit« (Johannes 4,23f.) geführt hätte. Das aber beschwor den Widerstand der konservativen Kräfte herauf, die lieber den Tod des präsumptiven Revolutionärs als das Ende der bestehenden Ordnung in Kauf nehmen wollten. Das spricht aus ihrer Folgerung, dass es besser sei, »wenn ein Mensch für das Volk stirbt, als dass das ganze Volk zu Grunde geht« (Johannes 11,50).

DER VORDERGRUND

Gleichzeitig wurde dieser menschliche und religiöse Widerstand von einem politischen überlagert. Denn Jesus kam, entgegen der idealisierenden Zeitansage des Galaterbriefs (Galater 4,4), in einem Augenblick höchster gesellschaftlicher Spannungen. Angeheizt von den Aktivitäten der Zeloten sahen breite Schichten der Bevölkerung eine Überlebenschance nur noch auf dem Weg eines Freiheitskampfes gegen die römische Unterdrückung. Doch Jesus prophezeite: Wenn das geschieht, wird »kein Stein auf dem andern bleiben; alles wird niedergerissen« (Markus 13,2). Zwar trat das – ein Beweis für die Echtheit seiner Vorhersage – nicht wörtlich ein, da der Tempel nicht niedergerissen, sondern nach einer der schrecklichsten Belagerungen der Kriegsgeschichte niedergebrannt wurde. Um so mehr behielt Jesus mit seiner kompromisslosen Absage an jede Form von Rache und Gewalt Recht. Und das höchst wechselhafte Verhältnis des römischen Kaisers zu den Juden beweist, dass er einer realistischen Hoffnung das Wort geredet hatte, als er die Zukunft, der ein zum Gewaltverzicht bereites Israel entgegenging, in die Hand Gottes legte. Doch Jerusalem entschied sich für den Weg der Gewalt und endete in einem Meer von Blut und Tränen.

DIE AKTUALITÄT

Im Panorama der Gegenwartstheologie mehren sich die Stimmen, die für eine Abkehr vom Gott der Erbarmung und für die Wiederentdeckung des Gottes des Zorns und des Gerichts eintreten. Sie plädieren damit, wenngleich unabsichtlich, für eine Rückkehr zur Mentalität der Unterdrückung und Gewalt, von der sich Christentum und Kirche, mühsam genug, im Zweiten Vatikanum losgesagt hatten. Doch nicht nur dies. Vielmehr gilt für sie, was *Nietzsche* in seinem Konkurrenzneid und Hass dem Apostel Paulus vorwarf, als er ihn bezichtigte, Jesus durch seine Lehre nochmals ans Kreuz, »an sein Kreuz«, geschlagen zu haben. Gleiches tun ihm die Befürworter des Zorns und des Gerichts an, sofern sie ihn mit ihrer Doktrin nochmals ans Kreuz, verstanden als das Kreuz des von ihm überwundenen Gottesbildes, schlagen. Dem muss Einhalt geboten werden, und das nicht nur im Blick auf die Ungeheuerlichkeit des Vorgangs, sondern im Interesse des Überlebens des Christentums in dieser Zeit. Was müsste geschehen?

Wiederum liegt die Antwort förmlich auf der Hand. Soviel im Weltgeschehen für die Wiederkehr der Gewalt spricht und auch innerkirchlich die Neigung zur Anwendung von Gewaltstrategien wächst, muss angesichts der absehbaren Konsequenzen dieser Fehlgriffe alles daran gesetzt werden, um der Gottesentdeckung Jesu endlich zum vollen Durchbruch zu verhelfen. Denn der zwiespältige Gott der Religionsgeschichte zerreißt und lähmt das Menschenherz; der eindeutige Gott der Liebe erfüllt es mit Hoffnung, Mut und Zuversicht. Zu diesem inneren Grund kommt aber ein ebenso gewichtiger äußerer hinzu. Wenn der Friede in seiner Unbedingtheit erkannt und gewollt werden soll, wie es die gegenwärtige Weltlage mit höchster Dringlichkeit erfordert, muss er in seinem Zusammenhang mit dem bedingungslos liebenden Gott Jesu Christi begriffen werden. Die Liebe Gottes ist die Seele des Friedens, der Friede die Praxis der ewigen Liebe. Sie muss wieder entdeckt und gegen alle Eintrübungen zur Geltung gebracht werden. Denn nur der durch sie getragene Friede rettet die Welt.

15. DAS GEBROCHENE BROT

Das Selbstzeugnis

Ist das Kreuz ein Zeichen der Liebe? Und spricht aus ihm, wie es der Liebe entspricht, die Bereitschaft zu Hingabe und das Verlangen nach Vereinigung? Das alles bliebe Spekulation, wenn sich nicht Jesus selbst in die Beantwortung dieser Frage eingemischt und damit die authentische Deutung seines Sterbens gegeben hätte. Er gab sie in der letzten seiner Zeichenhandlungen. Denn er trat auch in der Form in die Fußspur der Propheten, dass er seine Botschaft, die er bereits durch seine Wunder tathaft kommentiert hatte, durch symbolische Aktionen unterstrich. So hatte er bereits in seinem Tempelprotest die Opferhandlungen durch das Verbot, Geräte durch den Tempelvorhof zu tragen (Markus 11,16), für kurze, jedoch symbolhafte Zeit unterbrochen, um Raum für seine Vision einer Gottesanbetung »im Geist und in der Wahrheit« (Johannes 4,23) zu schaffen. So hatte er alsdann durch die Verfluchung des Feigenbaums (Markus 11,12ff.) den Untergang Jerusalems zeichenhaft vorweggenommen. Und so inszenierte er beim letzten Mahl in einer symbolischen Aktion sein Sterben, bevor er es tatsächlich erlitt.

DIE DEUTUNG

Nach dem ältesten von Paulus überlieferten Bericht

nahm der Herr Jesus in der Nacht, in der er verraten wurde, Brot, sagte Dank, brach es und sprach: »Das ist mein Leib – für euch. Tut dies zu meinem Gedächtnis!« Gleicherweise nahm er nach dem Mahl auch den Kelch und sprach: »Dieser Kelch ist der Neue Bund in meinem Blut; tut dies, so oft ihr ihn trinkt, zu meinem Gedächtnis!« Denn so oft ihr dieses Brot esst und diesen Kelch trinkt, verkündet ihr den Tod der Herrn, bis er kommt (1 Korinther 11,23–26)[70].

Der Schluss des Berichts, der vom Kommen Jesu spricht, steht in einer auffälligen Spannung zu den Abendmahlsworten, die von einer präsentischen Hingabe des Gastgebers sprechen. Nach dem aramäischen Grundtext lassen sie auch keinen Zweifel an der Art der Gabe. Denn »Leib« bedeutet in der Originalsprache Jesu soviel wie »Person«. Mit dem Gestus des Brotbrechens gibt er den Teilnehmern des Abschiedsmahls somit zu verstehen, dass sein bisheriges Leben in Raum und Zeit mit seinem Tod zu Ende geht und eine neue Seinsweise in der Verbundenheit mit ihnen ihren Anfang nimmt. Kürzer ausgedrückt: Sterbend gibt er sich als Individuum auf, um in ihnen auf- und fortzuleben. So hatte er es in der johanneischen Brotrede bereits mit dem Schlüsselwort angekündigt:

Ich bin das Brot des Lebens (Johannes 6,35. 48)[71].

Dieses erste der johanneischen Ich-bin-Worte hat annähernd dasselbe Gewicht wie die große Einladung Jesu an die Bedrückten und Beladenen (Matthäus 11,28), in der *Kierkegaard* den Schlüssel zur Lebensleistung Jesu entdeckte. Indem er sich zum »Brot des Lebens« erklärt, gibt er unmissverständlich zu verstehen, dass er für die Seinen zum Lebensinhalt werden will. Ohne dass ihre Eigenverantwortung geschmälert wird, geht er in die ihn Verzehrenden ein, um mit ihnen das »Mahl« seiner Einwohnung zu halten. Was Jesus mit diesem johanneischen Wort verheißt, löst er im Abendmahlsbericht des Apostels Paulus und dem der synoptischen Evangelien ein. Danach ist sein Tod der alles übersteigende Beweis seiner Hingabe an die Seinen, die krönende Tat seiner Liebe »bis zum Äußersten« (Johannes 13,1).

DIE BEDEUTUNG

Die Bedeutung der Symbolhandlung wird vollends klar, wenn man sich den Unterschied der Erscheinungsweisen Jesu vor und nach seinem Tod vergegenwärtigt. Bis zu seinem Todesschrei und der Abnahme vom Kreuz dominieren die allgemeinen menschlichen Bestimmungen, die nur selten wie bei Jesu Gang über den See oder der Verklärungsszene von überirdischen Zügen überlagert werden. In den Ostererscheinungen tritt dagegen das allgemein Menschliche weithin zurück, sodass er Maria von Magdala erst durch seinen Anruf (Johannes 20,15), den Emmausjüngern erst beim Brotbrechen erkennbar wird (Lukas 24,30f.), während die Jünger bei seiner Erscheinung am See von Tiberias erst durch den Lieblingsjünger von seiner Identität überzeugt werden müssen (Johannes 21,7). Auch erweckt die Thomasszene den Eindruck, dass sich der Zweifler erst durch die Berührung der Wundmale von der Identität des Erscheinenden mit der des Gekreuzigten überzeugen lassen will (20,25). Gleichzeitig werden die Gesetze der raum-zeitlichen Empirie für ihn gegenstandslos, sodass er durch verschlossene Türen geht (20,19.26), an verschiedenen Orten gleichzeitig erscheint (Lukas 24,34) und nach seinem Erscheinen wieder verschwindet (24,30). Das wirft die Frage nach der Seinsweise des Auferstandenen auf, die Paulus im Blick auf die durch ihn und mit ihm Erweckten eingehend erörtert (1 Korinther 15,35–50).

Das gelingt ihm zunächst nur auf dem Verneinungsweg, indem er die neue Seinsweise in wiederholten Vergleichen von der empirischen unterscheidet und den Auferstandenen schließlich als den »Leben spendenden Geist« bezeichnet (15,45). In dessen Zusammenschau mit den Seinen entwirft er schließlich das Bild des mystischen Leibes, den Christus als Haupt überragt, während er sich die Seinen als Glieder dieses Organismus einverleibt (1 Korinther 12,12f.; Römer 12,4f.) In ihm herrscht ein hierarchisch gestufter Austausch, der darauf abzielt, die im Glauben Geeinten in fortschreitender Erkenntnis in das Haupt hineinwachsen zu lassen (Epheser 4,13ff.). In diesem mystischen Verbund »lebt keiner für sich selbst und stirbt keiner für sich selbst« (Römer 14,7), vielmehr haben alle alles gemeinsam, denn:

> *wenn ein Glied leidet, leiden alle mit; und wenn ein Glied sich freut, freuen sich alle mit (1 Korinther 12,26)*[72].

Das alles aber nimmt damit seinen Anfang, dass sich Jesus in seinem Kreuzestod als Individuum aufgibt, um als mystische Person in den Seinen auf- und fortzuleben.

16. WOFÜR IST ER GESTORBEN?

Opfer oder Liebestat?

Die traditionelle Theologie ist nicht zuletzt durch falsch gestellte Fragen belastet. So etwa durch die Frage: Was kommt nach dem Tod?, weil sie den Tod wie einen Orts- oder Berufswechsel auffasst und davon ausgeht, dass das Zeitgeschehen für den Sterbenden so wie zuvor weitergeht. Die zweifellos fatalste Fragestellung bezieht sich jedoch auf den Tod Jesu, und dies vor allem in ihrer allenthalben angenommenen Fassung, also in der Frage: Wofür ist er gestorben?

DIE FRAGESTELLUNG

Zweifellos kann man, wie dies in der Menschheitsgeschichte vielfach geschah, »für jemanden« sterben, nicht jedoch »für etwas«, und ginge es dabei um ein noch so großes Ziel wie das Vaterland. Denn in diesem Fall würde eine Person gegen eine Sache aufgewogen und dadurch die Person zur Sache herabgewürdigt. Zur ersten Möglichkeit bekennt sich Paulus im Römerbrief, wenn er erklärt:

Kaum wird jemand für einen Gerechten sterben, allenfalls wird er für einen guten Menschen sein Leben hingeben. Gott aber hat seine Liebe zu uns dadurch erwiesen, dass Christus für uns gestorben ist, als wir noch Sünder waren. (Römer 5,7f.)

Die zweite Möglichkeit – für eine Sache zu sterben – verstößt gegen die Würde menschlichen Lebens und Sterbens, weil sich in diesem Fall das »für« mit einer Zwecksetzung verbindet, sodass das Sterben einen bestimmten »Zweck« verfolgt. In religiöser Sicht erscheint der Tod dann als »Opfertod«, wie es der archaischen Vorstellung entspricht, wonach eine zürnende Gottheit auf diesem Weg umgestimmt und »versöhnt« werden kann. Doch in eben diesem Sinn wurde der Tod Jesu – trotz aller modernen Umdeutungsversuche – gedacht, wenn von ihm gesagt wurde, dass er »als Sühne nicht nur für unsere Sünden, sondern für die Sünden der ganzen Welt« gestorben sei (1 Johannes 2,2). Dass das nicht ohne Hemmungen geschah, bestätigt das Johannesevangelium, wenn es zu Beginn seiner Passionserzählung den Tod Jesu als den Exzess seiner Liebe deutet:

> *Da er die Seinen liebte, liebte er sie bis zum Äußersten.*
> *(Johannes 13,1)*[73]

Die Urgemeinde muss somit einem mächtigen Druck unterstanden haben, als sie sich über diese Hemmung hinwegsetzte und den Tod Jesu zum Opfertod erklärte. Wie kam es dazu?

DER BEWEGGRUND

Nach Ansicht *Nietzsches* – nach Kierkegaard und Buber einer der hellsichtigsten Leser des Evangeliums – unterstand die Urgemeinde auch noch nach der Auferstehung der bedrängenden Frage: »Wer war das? Was war das? Warum gerade so?«[74] Es war die Frage, warum Jesus so früh und auf so grausame Weise hatte sterben müssen. Zu einer Erklärung der geradezu obligatorischen Antwort darauf verhilft eine Notiz der Apostelgeschichte, wonach auch »eine große Anzahl von Priestern den Glauben annahm und sich der Jesusgemeinde anschloss« (Apostelgeschichte 6,7). Sie alle kamen vom täglichen Opferdienst im Tempel, bei dem fortwährend Schlacht- und Sühnopfer zur Entsühnung des in einem kollektiven Sündenbewusstsein befangenen Volkes dargebracht wurden. Bei ihrer Bekehrung brachten sie die gesuchte Lösung mit: Was die vielen Opfer im Tempel nicht vermochten, das bewirkte der Kreuzestod Jesu, vorausgesetzt, dass er als Opfertod begriffen wurde. Unter diesem Gesichtspunkt konnte dieser Tod dann auch nicht zu früh und grausam genug geschehen.

Die angebotene Lösung war, zumindest dem Anschein nach, von so hoher Plausibilität, dass sie sich gegen alle Vorbehalte durchsetzte und zu weltweiter Akzeptanz gelangte. Noch in *Bachs* Matthäuspassion bekennt sich dazu der Chor mit der Auskunft:

> *Wie wunderbarlich ist doch diese Strafe!*
> *Der gute Hirte leidet für die Schafe.*
> *Die Schuld bezahlt der Herre, der Gerechte,*
> *für seine Knechte!*

Ungeachtet ihrer Plausibilität ist diese Auskunft jedoch von schwersten Defiziten belastet. Nicht nur, dass sie von außen kam, anstatt aus dem Nachdenken der Urgemeinde über den Tod Jesu hervorgegangen zu sein; sie hat auch keinerlei Anhalt im Selbst- und Todesbewusstsein Jesu. Ungeachtet der starken Überarbeitung der Leidensankündigungen (Markus 8,31; 9,31; 10,33) sind diese doch darin beweiskräftig, dass in ihnen jeder Hinweis auf eine Zweckbestimmung fehlt. Vollends lässt die für das Todesverständnis Jesu besonders aufschlussreiche Ankündigung, er werde von der Frucht des Weinstocks nicht mehr bis zum Tag des Anbruchs des Gottesreiches trinken (Markus 14,25), jede Andeutung einer Zweckbestimmung seines Sterbens vermissen. Im Fall dieser Zweckbestimmung wäre Jesus somit ohne jedes Wissen um das »Wofür« seines Sterbens in den Tod gegangen. Wer ihm dies nicht unterstellen will, ist daher zur Annahme gedrängt, dass es für ihn gar kein »Wofür« gab[75].

Der bereits angesprochene ausschlaggebende Grund besteht jedoch in der mit der Satisfaktionsvorstellung verbundenen Funktionalisierung des Todes Jesu. Wenn der Mensch nach *Kant* stets als Selbstzweck geachtet werden muss, gilt dies erst recht von der Entscheidungsstunde seines Todes. Die Todesstrafe als angebliches Mittel zur Sühnung eines Verbrechens zu verhängen, kommt daher dem Absturz in Inhumanität und Barbarei gleich. Erst recht gilt dann von dem mit eben dieser Strafe Belegten, also von dem Gekreuzigten, dass sein Tod frei von jeder Zweckbestimmung gewürdigt werden muss. Drängt sich dann aber nicht die Frage auf, ob er im Grunde nicht »umsonst« gestorben ist?

UMSONST GESTORBEN?

Im höchsten Sinn dieses Ausdrucks trifft das tatsächlich zu. Denn mit seinem Tod verfolgte Jesus keinen Zweck, nicht einmal den, die Welt zu erlösen, es sei denn, dass man »Erlösung« als Aufnahme in eine Sphäre versteht, in der nicht mehr Interessen und Absichten, Leistungen und Gegenleistungen herrschen, sondern in der das Gegenteil von alledem formbestimmend ist: die Liebe. Sie ist das Wunder in der durch und durch funktionalisierten Leistungsgesellschaft, das reine Himmelsgeschenk in der Ordnung, in der alles verdient und erkämpft werden muss, ungeschuldetes Glück im Reich der Sorgen und Mühen. Von der Art ist der Tod Jesu. Denn in ihm spricht Gott das letzte Wort seiner Selbstoffenbarung, dies freilich so, dass er es im selben Atemzug besiegelt durch die Erweckung des Gekrcuzigten zu neuem, allumfassenden Leben.

Wenn das Kreuz so gesehen wird, hört es zwar nicht auf, für viele nach dem Pauluswort ein »Skandal« und eine »Torheit« zu sein. Wohl aber wird es dem Einsichtigen als die Magna Charta der Gottesoffenbarung erkennbar, als Zeugnis eines Gottes, der sein Innerstes im Zeichen der sich hingebenden, leidenden und mitleidenden Liebe ausspricht. Das aber kommt einer Einladung an alle Leidenden gleich, in ihrem Schmerz nicht zu resignieren und zu verbittern, sondern sich im Einverständnis mit dem zu wissen, der sein Lebenswerk nicht mit einer triumphalen Tat, sondern mit seinem Kreuzestod krönte, um der Welt, die ihn verwarf und kreuzigte, zu beweisen, dass er sie trotz allem, was sie ihm antat, unbeirrbar liebt.

17. DER TODESSCHREI

Die übersprachliche Botschaft

Das Markusevangelium schließt mit einer alle Vorstellungen sprengenden Szene. Der die Exekution Jesu befehligende Zenturio bricht unter dem Eindruck des Todesschreis, mit dem der Gekreuzigte stirbt, spontan in die Worte aus:

Wahrhaftig, dieser Mann war Gottes Sohn! (Markus 15,39)[76]

Dabei steht der Evangelist dafür ein, dass er dies als Heide durchaus im christlichen Sinn gesagt hatte. Die Größe dieser Aussage steigert sich noch ganz erheblich, wenn man mit *Nikolaus von Kues* hinzunimmt, dass der Todesschrei Jesu als Krönung der gesamten Gottesoffenbarung zu gelten hat. Denn die große Stimme, die das ganze Offenbarungsgeschehen durchstimmt, durchlief im Leben Jesu eine Reihe von Modulationen, bis sie schließlich, wie der Kusaner wörtlich sagt, »einen großen Schrei ausstieß und verschied«. Unter dieser Voraussetzung wirkt das Bekenntnis des Zenturio wie die im Namen der ganzen Menschheit gegebene Antwort auf das Schlusswort der Gottesoffenbarung[77].

DIE GOTTESSOHNSCHAFT

Darauf liegt umso höheres Gewicht, als es nach den ältesten Passionsberichten außer den »von ferne« zuschauenden Frauen keine Hörer der – wie man im Blick auf die grausame Prozedur der Kreuzigung sagen muss – »halberstickten« Worte des Gekreuzigten gab. Was wirklich von ihm zu sagen war, war allein der weithin dringende Todesschrei. Ebenso wenig gab es Zeugen, die von dem Bekenntnis des Zenturio berichten konnten. Was er bekennt, lässt ihn somit der Evangelist im Namen der Urgemeinde und ihres Glaubens an die Gottessohnschaft Jesu sagen. Doch wie kam die Urgemeinde zu diesem Glauben? Nach *Nietzsche*, der sich mit einer gewagten Konstruktion zu dieser Frage äußerte, lautet die Antwort: Sie gelangte dazu, weil sie sich in der Figur des Schächers spiegelte und sich gleich ihm zur Gotteskindschaft erhoben sah[78]. Ihr selbst galt die Zusage des Paradieses und der damit umschriebenen Gotteskindschaft. Die Gotteskindschaft aber war für sie die den Glaubenden vom Auferstandenen übereignete Gottessohnschaft. Als Kinder Gottes waren sie gleich ihm und dank der Verbundenheit mit ihm der universalen Todverfallenheit alles Kreatürlichen entrissen und mit ihm in ein transkreatürliches Gottesverhältnis aufgenommen, das als solches nur genealogisch bestimmt werden konnte. Sie waren, wie Paulus betont, der Heteronomie der Knechtschaft überhoben und in ein Kindesverhältnis zu Gott aufgenommen (Römer 8,15). Zwar mussten sie alle sterben; doch war die Macht des Todes gebrochen, sodass sie den Tod schon hinter sich hatten und sich als die im Grunde schon Auferstandenen fühlen konnten. Aus dieser Erfahrung schöpften sie, als sie Jesus als den »Erstgeborenen von den Toten« bezeichneten und ihn schließlich »Sohn Gottes« nannten. Auferstehung und Gottessohnschaft waren für sie zu Wechselbegriffen geworden, wie es Paulus zu Beginn des Römerbriefs zum Ausdruck bringt:

> *Paulus, Knecht Christi Jesu, der dem Fleische nach dem Geschlecht Davids entstammt. Dem Geist der Heiligkeit nach aber wurde er eingesetzt zum Gottessohn mit Macht auf Grund der Auferstehung von den Toten (Römer 1,3f.)*[79].

Wie aber deutet Paulus die neue Seinsweise der in den göttlichen Bereich Aufgenommenen?

DIE SEINSWEISE

Nach den Osterberichten der Evangelien ist der Auferstandene bei aller Nähe zu den Seinen der empirischen Welt entrückt und ihren Gesetzen enthoben. Er kommt durch verschlossene Türen, erscheint gleichzeitig an verschiedenen Orten, stellt sich unversehens ein und verschwindet wieder aus den Augen der Zeugen. So erwecken seine Erscheinungen einen geradezu surrealistischen Eindruck, der *Schelling* zu der Aussage veranlasste:

> *Tatsachen wie die Auferstehung Christi sind wie Blitze, in welchen die höhere, das heißt die wahre, die innere Geschichte in die bloß äußere hindurchbrechend hereintritt*[80].

Im Dialog mit der Gemeinde von Korinth stellt sich Paulus dann ausdrücklich der Frage nach der Seinsweise der mit und durch Christus Auferstandenen (1 Korinther 15,35–45). Um sie zu verdeutlichen, gebraucht er eine ganze Reihe von Vergleichen. Wie sich das Weizenkorn von der Pflanze und wie sich das Licht der Gestirne vom Glanz der Sonne unterscheiden, so der verwesliche Leib von dem der Auferstandenen. Paulus nennt diese Seinsweise eine Geist gewirkte, spirituelle und pneumatische. So entspricht es der universalen Gotteskindschaft, der die von ihrer Nichtigkeit befreite Welt entgegenstrebt (Römer 8,18–23)[81].

Was jetzt noch Hoffnungsziel ist, wird im Seinsstand der Auferstandenen allumfassende Wirklichkeit sein. Denn das Weltgeschehen hat für Paulus eine göttliche Tiefe. Dort ist es die Siegesgeschichte dessen, dem nach seiner Erniedrigung alles unterworfen werden muss und der als seinen letzten Feind auch noch den Tod überwindet[82]. Dann aber wird sich im letzten Akt dieses Weltendramas der Sieger dem unterwerfen, der alle seine Widersacher beseitigt und ihm alle Gegner unterworfen hat, damit Gott »alles in allem« sei (1 Korinther 15,28). In dieses Endgeschehen sind auch die Auferstandenen hineingenommen, aufgenommen in das allumfassende Leben in Gott.

18. KOMM HERAUS!

Der Weckruf

Das Johannesevangelium erreicht einen seiner Gipfel in einer geradezu surrealistischen Szene: Jesus ruft seinen bereits vier Tage im Grab liegenden und Verwesungsgeruch verbreitenden Freund Lazarus mit dem Machtwort »Komm heraus!« ins Leben zurück (Johannes 11,17–44)[83]. Und der Tote tritt wie von einer unsichtbaren Kraft getragen mit umbundenen Händen und Füßen aus der Grabeshöhle hervor. Er hat die (nach Johannes 5,28) in die Gräber dringende Stimme des Menschensohnes vernommen und ihre Tod überwindende Macht an sich erfahren. Da die synoptische Überlieferung trotz aller Nähe von diesem spektakulären Wunder nichts weiß, kann es sich dabei um kein historisches Vorkommnis handeln. Auch die Meinung, dass der Szene eine Aussätzigenheilung zu Grunde liegt oder dass es sich um eine Historisierung der Gleichniserzählung vom »armen Lazarus« handelt, trägt zur Erklärung nicht bei[84]. Ebenso bleibt die Ansicht *Günther Keils,* dass mit dem Lazarus der Lieblingsjünger Jesu gemeint sei, auf halbem Weg stehen[85]. Vielmehr nötigen sowohl die szenische Gestaltung als auch der gedankliche Schwerpunkt der Erzählung zu der Annahme, dass sich Jesus in Gestalt seines »Doppelgängers« selbst aus dem Grab herausruft und damit seine Auferstehung symbolisch vorwegnimmt[86]. Dann aber kommt die Szene einer Anweisung darüber gleich, wie in der Frage der Auferstehung sachgerecht gedacht werden muss.

DIE DENKWEISE

Schon beim Bedenken der Einladung Jesu an die Bedrängten und Bedrückten (Matthäus 11,28), in der er die Zentralaussage des Evangeliums vernahm, erhob sich *Kierkegaard* zu der Einsicht: »Der Helfer ist die Hilfe«, also zur Erkenntnis der Identität Jesu mit der von ihm verkündeten Botschaft und der von ihm erbrachten Lebensleistung. Nach diesem Schlüsselsatz durchbricht die von Jesus geleistete Hilfe ebenso das System der Denkformen wie die Koordinaten der Anschauungsformen von Raum und Zeit, sodass sie sich den Bedürftigen jederzeit und allerorts zuwenden kann und nie von der Person des Helfers abzulösen ist.

So tritt dann aber erst recht der Auferstandene »in Erscheinung«. Er kommt durch verschlossene Türen, erscheint gleichzeitig an unterschiedlichen Orten und lässt sich sehen, um alsbald wieder zu verschwinden. Dabei bestimmt er nicht nur das Gesetz des Geschehens, sondern nicht weniger auch das des Erkennens. Wer ihn sieht, wird im Sinn der johanneischen Magdalenenszene seiner nur ansichtig, weil er von ihm gesehen wird (Johannes 20,14ff.). Und wer ihn erkennt, gelangt deshalb dazu, weil er von ihm erkannt ist. Daher kommt es entscheidend darauf an, ihm in diese Denkweisen hinein zu folgen und ihm die Initiative zu überlassen. Dieses Entgegenkommen bringt ihm derjenige entgegen, der ihn wirklich liebt. Daher bindet Jesus die Schau der Osterzeugen an die Vorleistung ihrer Liebe. Er bleibt der Welt verborgen (nach 14,22f.), weil ihn nur Liebende sehen können.

DIE KONSEQUENZEN

Für die Neue Theologie ergeben sich daraus grundlegende Konsequenzen. Um in das »Mysterium Jesu« (*Pascal*) Einblick zu gewinnen und zu der in ihm verborgenen Mitte des Evangeliums vorzudringen, muss sie sich von den Kategorien des klassischen Wesensdenkens lösen, um zu jenem An-Denken zu gelangen, das dem damit angesprochenen Erkenntnisziel entspricht. In dieser Neugestaltung ist sie dann nicht mehr Christologie, sondern, mit einem altchristlichen Begriff umschrieben, Christomatie, und das besagt: eine Lehre, die sich weniger von ihrer eigenen Fassungskraft verspricht, umso mehr jedoch von ihrer Bereitschaft, sich von ihrem »Gegenstand« belehren zu lassen[87].

Nur scheinbar ist sie dadurch zur Passivität verurteilt. Denn dadurch, dass Jesus im Gefolge der Auferstehung vom Glaubenden zum Geglaubten, vom Botschafter zur Botschaft und vom Lehrer zur Lehre geworden ist (*Vögtle*), wurde er einer mehrfachen Vergegenständlichung unterworfen[88]. Die Neue Theologie aber lebt von der Einsicht, dass im Zug der glaubensgeschichtlichen Wende der große Augenblick gekommen ist, an dem sich der Schrein der Vergegenständlichungen öffnet und der in ihm Verschlossene wieder zum Glauben ruft, seine Botschaft wiederum in Erinnerung ruft und als der »inwendige Lehrer« (*Augustin*) die Seinen aufs Neue belehrt[89]. Damit ist der Neuen Theologie ihre wichtigste und vornehmste Aufgabe zugewiesen. Sie muss mit dem Einsatz ihrer Kraft und allen ihr verfügbaren Mitteln auf die Öffnung des vergegenständlichenden Schreins hinwirken. Den Anfang dazu aber wird sie dadurch machen müssen, dass sie in den Ruf dessen einstimmt, der sich mit seiner in die Gräber dringenden Stimme und dem Befehl »Komm heraus!« selbst aus Tod und Grab herausruft.

19. DER DREHPUNKT

Die Achse des Christentums

Die Neue Theologie lebt von der Frage nach der Mitte des Christentums. Und sie findet die Antworten in der Gottesentdeckung Jesu. Doch die Lebensgeschichte Jesu hat selbst eine Mitte: die Auferstehung des Gekreuzigten. Als Umschlagstelle vom Tod zum Leben ist sie nicht nur selbst bewegt, sondern fortwährender Grund der das Christentum ständig vorandrängenden Bewegung. Der durch *Joachim von Fiore* beobachtete Wechsel der Epochen hat darin ebenso seinen Antrieb wie die glaubensgeschichtliche Wende[90]. Darauf muss sich die Neue Theologie einstimmen. Das aber erreicht sie, sofern sie richtig nach der Auferstehung fragt.

AUFERSTANDEN, ABER WOHIN?

Denn bisher wurde immer nur nach dem Woher der Auferstehung gefragt. Das hatte seinen guten Grund, weil ungeachtet der Tatsache, dass der Tod Jesu die bestbezeugte Tatsache seines Lebens ist, immer wieder das Gegenteil eines bloßen Scheintods unterstellt wurde. Nur wenn die Frage, »woher« er auferstanden ist, zwingend mit der These »aus dem Tod« beantwortet werden kann, ist die Gefahr gebannt, dass das Christentum als Betrug oder Mythos ausgegeben wird. Dennoch zeigt sich hier erneut, dass falsch oder schief gestellte Fragen den Weg der Theologie nicht weniger als Irrtümer behindern.

So wichtig das Ergebnis der Frage nach dem Woher in defensiver Hinsicht auch immer ist, verfehlt diese doch den vorwärts drängenden Bewegungsimpuls des Auferstehungsmotivs. Ihm wird nur die Frage nach dem Wohin gerecht. Sie entspricht allein der Vorstellungswelt, die sich für Paulus aus der Auferstehung Jesu ergibt. Denn die Auferstehung ist für ihn ebenso das Prinzip eines neuen Denkens wie eines neuen Seins. Mit ihr beginnt eine neue Schöpfung (2 Korinther 5,16), die nur von dem begriffen wird, der das Alte, das hinter ihm liegt, vergisst und sich auf das vor ihm liegende Neue bezieht (Philipper 3,13). Mit der Auferstehung eröffnet sich ihm aber auch die Vision der ihrer Endgestalt als universale Gotteskindschaft entgegenstrebenden Welt (Römer 8,18–23). Das hat für ihn zur Voraussetzung, dass der Mensch, sofern er sich von ihr im Glauben ergreifen lässt, in einen neuen Seinsstand aufgenommen ist; denn ihr anverwandelt, ist er nicht mehr heteronomer Knecht, sondern frei geborener Sohn (Galater 4,6; Römer 8,15). Im Kern von alledem geht es indessen um die Frage nach dem Verbleib dessen, von dem die Aufforderung der Engel gilt:

Sucht den Lebenden nicht bei den Toten! (Lukas 24,5)[91]

Im Glauben der Kirche entspricht dem das Bekenntnis: »Aufgefahren in den Himmel, er sitzt zur Rechten Gottes, des allmächtigen Vaters«, den der Auferstandene mit dem Satz bestätigt:

Ich steige auf zu meinem Vater und eurem Vater, zu meinem Gott und eurem Gott. (Johannes 20,17)[92]

Doch wo ist dieser Thron Gottes, auf den er sich nach aller ausgestandenen Erdenmühe niederlässt? Die Antwort kann nur lauten: im Zentrum des Seins, mit einer mittelalterlichen Metapher gesprochen: in dem von der unendlichen Sphäre umschlossenen Allmittelpunkt (*Mahnke*)[93]. Der aber ist überall: an jedem Ort der Welt ebenso wie in jedem Einzelnen. Erstaunlich genau entspricht dem die Auskunft der paulinischen Theologie. Denn für sie ist Christus nach seinem Abstieg in die Niederungen des Daseins »emporgestiegen über alle Himmel, um das All zu erfüllen« (Epheser 4,9f.). Und gleichzeitig hat er als das Haupt seines mystischen Leibes alle ihm Zugehörigen in sich als Inspirations-

und Handlungszentrum zusammengefasst (Kolosser 1,18). Doch ebenso wohnt er einem jeden, wie Paulus mit Nachdruck versichert, als Identitäts- und Lebensprinzip ein. Seitdem lebt und stirbt, wie die bereits erwähnte Stelle des Römerbriefs betont, keiner mehr für sich; vielmehr vollzieht sich beides, Leben und Sterben, in der Verbundenheit mit dem, der für alle starb und auferstanden ist (Römer 14,7). Der »Ort«, wohin er auferstanden ist, ist somit ebenso die in ihm zentrierte Welt wie das Herz des Einzelnen, den er durch seine Einwohnung erst ganz zu sich selbst erweckt.

Das bestätigt in ihrer bildhaft-narrativen Sprache die lukanische Emmausgeschichte, die den Versuch des zunächst unerkannt bleibenden Auferstandenen, die beiden von seinem Kreuzestod verstörten Wanderer von der Notwendigkeit seines Sterbens zu überzeugen, mit der Szene des Brotbrechens beschließt, bei der ihnen »die Augen aufgehen«, sodass sie den ihren Blicken Entschwindenden erkennen (Lukas 24,13–31)[94]. Das bewirkt in ihnen eine totale Metamorphose. Ihre Trauer wandelt sich in Freude und ihr Zweifel in Gewissheit. Anstatt ihren Weg in die alten Verhältnisse fortzusetzen, brechen sie »noch in derselben Stunde« nach Jerusalem, der Stadt des Todes und der Gefahr, auf, um ihren dort verbliebenen Gefährten von ihrem Erlebnis zu berichten. Und sie begründen ihren Entschluss mit den Worten:

Brannte nicht das Herz in uns, als er unterwegs mit uns redete und uns den Sinn der Schrift erschloss? (Lukas 24,32)

Antwort auf die Frage nach dem Ziel des Entschwindens des Auferstandenen gibt somit das brennende Herz der Osterzeugen, verstanden als der Inbegriff seiner Einwohnung in ihnen und ihres Ergriffenseins durch ihn. Wie er schon in der Symbolhandlung des Abendmahls seinen Tod als Umbruch von seiner empirischen Seinsweise in die mystische seines Fortlebens in ihnen gedeutet hatte, so gibt er ihnen nun auch in der Sprache ihres brennenden Herzens zu verstehen, dass er eben dieses Herz als seinen Himmel und seinen Thron erkoren hat.

DIE LEBENSWENDE

Erst jetzt lässt sich die Zäsur, die Tod und Auferstehung in den Gang des Lebens Jesu legten, genauer bestimmen. Sie hat den Charakter einer Wende; denn mit ihr geht das geschichtliche Leben Jesu zu Ende, während sein überindividuelles Leben und Wirken beginnt. Es ist die Wende von der Lebens- zur Wirkungsgeschichte. Sterbend gibt er sich, wie er es im Abendmahlsgestus symbolisch vorweggenommen hatte, als Individuum auf, um in den Seinen auf- und fortzuleben. Damit verliert er keineswegs an personaler Kontur. Und schon gar nicht wird er zu einer »multiplen Persönlichkeit«. Wohl aber geschieht das Umgekehrte, dass er die vielen, die ihm angehören, in seinen Identitätsakt aufnimmt. Denn schon zu seinen Lebzeiten erweckte Jesus den Eindruck, anders als alle übrigen zu sich zu kommen. Sie gewannen ihre Identität durch Akte der Abgrenzung und Unterscheidung. Er gewinnt sie durch Hingabe und Selbstübereignung. Was sich zuvor nur ansatzweise abzeichnete, wird nun in seinem nachösterlichen Leben formbestimmend.

Dadurch gewinnt der paulinische Bildbegriff des mystischen Leibes erst seine volle Kontur. Indem Christus sich den Seinen jetzt ganz übereignet, nimmt er sie in die Lebensgemeinschaft mit sich auf, in der sich ein wunderbarer Tausch vollzieht. Sie gewinnen ihre wahre Identität in ihm, während er in ihnen erst voll zu sich selbst findet. In diesem Sinn bildet die Auferstehung Jesu den Drehpunkt, um den sich das Christentum immerfort bewegt[95].

Damit ist aber auch schon gesagt, was die Auferstehung Jesu für das Christentum bedeutet. Sie führte zur Konsolidierung der durch den Kreuzestod verstörten und versprengten Jüngergruppe. Sie bewirkte die Schaffung der aus der Feier seines Andenkens schöpfenden Gemeinden. Sie weckte das Interesse an allem, was von den Lehren und Taten Jesu noch in Erinnerung geblieben war, und führte zu Kollektionen seiner Worte, aus denen die Evangelien hervorgingen. Vor allem aber zog sie eine Perspektivendrehung

118

hinsichtlich seiner Einschätzung nach sich. Was den Juden als »Skandal« und den Griechen als »Torheit« vorgekommen war, erschien nun als Inbegriff göttlicher Macht und Weisheit. Jetzt erstrahlte Jesus im Glanz der höchsten Prädikate. Er war der Gottessohn, der Kyrios, der Erlöser und Retter der Welt. Mit der Rückendeckung dieser Titel trat das Christentum seinen Weg in die Geschichte an[96].

20. ZULETZT ERSCHIEN ER MIR

Der antwortende Zeuge

Den großen Umschwung in der Lebensgeschichte Jesu und seiner Jünger führten die Ostererscheinungen herbei. Sie bewirkten die Sammlung der durch den Kreuzestod Jesu in Auflösung begriffenen Jüngergruppe, die Entstehung der ersten Christengemeinde und in der Folge die der neutestamentlichen Schriften. So bilden sie den Ausgangspunkt für die ganze Christentumsgeschichte. Wie das Judentum aus der Gotteserscheinung am brennenden Dornbusch und der Islam aus der Sendung des Koran hervorging, so das Christentum aus der Schau des Auferstandenen, zu der sich die Zeugen mit dem Protokollsatz »ich habe den Herrn gesehen« bekannten[97]. Von diesen Visionen muss eine mitreißende Wirkung ausgegangen sein, wie sie Halluzinationen niemals hätten bewirken können. Um sie gegen den Verdacht, bloße Wunschvorstellungen gewesen zu sein, abzusichern, ist alles an einem Zeugen gelegen, der den Protokollsatz mit Auskünften über sein Erlebnis unterbaut. Den Glücksfall dieses Zeugen bildet Paulus in den Berichten über seine Damaskusvision, von der zunächst auch er mit dem Satz berichtet: »Zuletzt erschien er mir« (1 Korinther 15,8)[98].

DAS DREIFACHE ZEUGNIS

Unter dem Druck unterschiedlicher Herausforderungen ringt sich der Apostel jedoch zu genaueren Auskünften durch, in denen er sein Ostererlebnis in akustischer, optischer und haptischer Weise verdeutlicht. Akustisch im Galaterbrief mit dem Wort, dass ihm Gott in seiner Güte das Geheimnis seines Sohnes ins Herz gesprochen habe. Sodann optisch, wenn er in der Korrespondenz mit Korinth davon spricht, dass er das im Glanz der Gottherrlichkeit erstrahlende Antlitz des Auferstandenen geschaut habe. Und schließlich haptisch, wenn er seiner Lieblingsgemeinde von Philippi gesteht, dass er in jener Stunde von Christus ergriffen und in seinen Dienst gezwungen wurde[99].

Nicht als Wunschtraum, sondern als überwältigendes Ereignis hatte ihn somit die Damaskusvision überkommen. In ihr spiegelte sich der göttliche Eingriff, durch den der Gekreuzigte dem Tod entrissen, in die Lebensgemeinschaft mit Gott aufgenommen und als Gottessohn erwiesen wurde. Ein göttlicher Eingriff in die Menschheitsgeschichte wurde von der Aufklärung vehement in Abrede gestellt und damit die Auferstehung zu einer Undenkbarkeit erklärt. Weil der Christenglaube jedoch einem unvordenklichen Grundsatz zufolge nach Einsicht strebt, geht es der Neuen Theologie zentral um den Nachweis der Denkbarkeit der Auferstehung Jesu und um die Erkundung ihrer Möglichkeitsbedingungen[100]. Darauf ging schon der johanneische Jesus mit der Erklärung ein, dass er nur durch Liebende gesehen werden könne. Das vervollständigte *Martin Buber* mit der These, dass das Sehen des Auferstandenen letztlich auf ein Gesehensein durch ihn zurückgehe. Doch zur vollen Lösung verhalf erst Paulus, der »antwortende Osterzeuge«. Denn zum Glück für die ganze Nachwelt rang er sich dazu durch, sein Ostererlebnis preiszugeben und Einblick in sein von Christus ergriffenes Herz zu gewähren[101]. Grundlegend geschieht das schon im akustischen Zeugnis des Galaterbriefs, wonach ihm im großen Augenblick seiner Lebenswende vor Damaskus das Geheimnis des Gottessohnes in Form eines göttlichen Liebeserweises »geoffenbart« wurde (Galater 1,15f.). Das wiederholt er in der Korrespondenz mit Korinth in seinem optischen Osterzeugnis, wenn er bekennt, dass er in diesem Augenblick zur Schau des im Glanz der Gottherrlichkeit erstrahlenden Angesichts des Auferstandenen geführt wurde (2 Korinther 4,6). Und er bekräftigt das mit seinem an die Gemeinde von Philippi gerichteten haptischen

Osterzeugnis, wenn er ihr gesteht, in jenem Augenblick von Christus ergriffen und überwältigt worden zu sein (Philipper 3,12).

Da Paulus nur zu sehr bewusst ist, dass er damit den später von *Lessing* beklagten »garstigen breiten Graben« zwischen sich, dem Zeugen, und den an sein Zeugnis verwiesenen Gemeinden aufgerissen hatte, stellt er sich gleichzeitig auf ihre Seite[102]. Damit gibt er aber auch schon den Blick auf eines der schwersten Probleme frei, von dem die junge Christengemeinde belastet war. Warum zeigte sich der Auferstandene nicht in aller Öffentlichkeit, sondern nur den wenigen dafür (nach Apostelgeschichte 10,41) vorbestimmten Zeugen? Darauf gab aber schon der johanneische Jesus die bereits erwähnte Antwort, dass er nur von Liebenden gesehen werden konnte. Das steigerten die Theoretiker des göttlichen Blicks wie *Anselm von Canterbury, Nikolaus von Kues* und *Martin Buber* zu der These, dass die Schau des Auferstandenen ein Gesehensein durch ihn zur Voraussetzung habe. Und das ergänzte *Reinhold Schneider* mit dem Hinweis, dass zu diesen Voraussetzungen auch der Lebenswille gehöre, da der Osterglaube an dem, der nicht mehr leben und überleben wolle, wirkungslos abgleite.

DIE DENKMÖGLICHKEIT

Auf die Frage nach der Denkmöglichkeit der Auferstehung und damit der nach einem göttlichen Eingriff in die Geschichte antwortete diese selbst durch den freiheitlichen Aufbruch von 1989, der den terroristischen Diktaturen ein Ende setzte, der mit dem Fall des Eisernen Vorhangs Unzählige in die jahrzehntelang entbehrte Freiheit entließ und mit der Wiedervereinigung Deutschlands den alten Kontinent als ein Europa des Friedens neu zusammenführte. Das kam der größten Zäsur in der europäischen Geschichte – größer noch als die von 1789 – gleich. Im Unterschied zu allen vergleichbaren Umbrüchen vollzog sie sich jedoch unblutig, sodass sie als »sanfte Revolution« in das Gedächtnis der Menschheit einging[103]. Da aber selbst die Summe aller darauf hinwirkenden Faktoren nicht für eine Erklärung ausreicht, muss entweder ein Kausalitätsverzicht hingenommen oder an das Einwirken einer transzendenten Geschichtsmacht gedacht werden. Nach der tiefsinnigen Erkenntnis *Martin Deutingers* verhält sich Gott nicht als Creator, sondern als Genitor zur Geschichte. Daher bestand dieser »Eingriff« nicht in einem faktizistischen Ereignis, sondern darin, dass er die Welt gerade dort, wo sich die Völkermorde ereigneten, in ein Nahverhältnis zu sich aufnahm und dort, wo Terror und Barbarei herrschten, eine Sphäre der Freiheit und des Friedens entstehen ließ[104].

Wenn aber die von der Aufklärung bestrittene Denkbarkeit der Auferstehung wieder gewonnen ist, kann auch über die wichtigsten ihrer Konsequenzen nachgedacht werden. Sie betreffen nach Paulus ebenso den Glauben wie das Fortleben Christi in den Seinen. Denn beide stehen für ihn in einem unauflöslichen Zusammenhang, da sich der Glaube für ihn primär auf die Auferstehung bezieht und da der Auferstandene für ihn durch den Glauben in den Seinen wohnt.

21. WAS HEISST GLAUBEN?

Die Dimension der Zustimmung

An hervorgehobener Stelle seines Römerbriefs erklärt Paulus:

> *Wenn du mit deinem Mund Jesus als den Herrn bekennst und in deinem Herzen glaubst, dass Gott ihn von den Toten erweckt hat, erlangst du das Heil. Denn mit dem Herzen glaubt man zur Gerechtigkeit, und mit dem Mund bekennt man zum Heil. (Römer 10,9[105])*

Danach ist der Christenglaube primär Auferstehungsglaube und, was Dasselbe besagt, geistiger Mitvollzug der Auferstehung Jesu. Da Paulus aber ebenso prinzipiell erklärt: »Ich glaube, darum rede ich« (2 Korinther 4,13), spricht er zuvor noch von der Bekenntnispflicht. Denn ein stummer und verschwiegener Glaube verdient nach seiner Überzeugung den Namen nicht. Wie er sich durch seine Damaskusvision zum Missionswerk berufen fühlte, so muss sich jeder Glaubende zu seiner Überzeugung bekennen. Denn keiner glaubt für sich allein, sondern immer nur in der Interaktion mit der Glaubensgemeinschaft, die nach einem Wort der Paulusschule zunehmend in die »Erkenntnis des Gottessohnes« hineinwächst und so ihr Vollalter erreicht (Epheser 4,13). Doch was heißt glauben?

DER UMSCHWUNG

Eine erste Antwort darauf gab bekanntlich das Erste Vatikanum, das den Glauben als die vollkommene Unterwerfung des Menschengeistes unter die Autorität des Gottes bestimmte, der weder irren noch lügen kann. Danach war der Glaube ein Akt des Gehorsams, wie es der Mentalität im

Machtbereich der damals aufkommenden imperialistischen Systeme entsprach. Doch die Zeit ging über diese Bestimmung hinweg, da sie die Frage nach dem Inhalt der Gottesoffenbarung nur unzulänglich beantwortete. Erst das Zweite Vatikanum erhob sich zu der Einsicht, dass diese, christlich gesehen, nicht wie im Judentum in einem Wort oder wie im Islam in einer Schrift, sondern im Mensch gewordenen Gottessohn besteht. Glaube war danach die Rezeption dieses leibhaftigen Offenbarungswortes und darum ein Gott Verstehen. Darauf arbeitete der Nestor der deutschen Philosophie, *Hans-Georg Gadamer,* hin, als er auf die Erschütterung der weltweiten Autoritätskrise mit der Unterscheidung der Autorität des Machthabers von der des Lehrers einging. Wenn aber Gott, wie schon *Kierkegaard* betonte, »der Lehrer« ist, spricht er zur Welt, um verstanden zu werden[106]. Doch auch diese Bestimmung ließ die glaubensgeschichtliche Entwicklung hinter sich.

Denn fünf Jahre nach dem Ende des Konzils brachte dieses eine wunderbare Spätfrucht in Gestalt von geradezu schlagartig entstandenen Jesusbüchern hervor, an denen sich außer christlichen auch jüdische und atheistische Autoren beteiligten. In ihnen stieg der »Herr« (*Guardini*) vom Podest seines Herrentums herab, um den Seinen auf gleicher Augenhöhe als »Helfer« (*Biser*) und »Bruder« (*Ben-Chorin*) entgegenzutreten und um ihre »Freundschaft« (*Schnackenburg*) zu werben[107]. Sein Ziel erreicht er jedoch erst mit der Wiederentdeckung des lange vergessenen Gegenstands seiner »Einwohnung« (*Söhngen*), die sich, wie Paulus versichert, in einem Gedanken- und Herzenstausch mit ihm (Galater 2,20) erfüllt.

DER MITVOLLZUG

Das zieht einen Perspektivenwechsel des Glaubens nach sich. Erschien er bisher als alleiniger Akt des Glaubenden, so versteht er sich jetzt als eine Interaktion mit dem Geglaubten. Denn dieser tritt zusehends aus dem Schrein seiner dogmatischen und kultischen Vergegenständlichung hervor, um sich als inwendiger Lehrer und Helfer in das religiöse Geschehen einzumischen. Jetzt ist er »der lebendige Glaube«, wie ihn schon der Märtyrerbischof *Ignatius von Antiochien* nannte, jetzt, nach einem Wort des Kolosserbriefs, unsere »Hoffnung auf die Herrlichkeit« (Kolosser 1,27) und jetzt, wie *Augustin* betonte, der sich in uns Liebende[108]. So ergibt es sich aus der gerade auch für Paulus grundlegenden Tatsache, dass Jesus in seiner Auferstehung das Tor zu seiner Wirkungsgeschichte aufstieß, um in den Seinen auf- und fortzuleben. Wie er ihnen zu ihrer vollen Identität und Sinnfindung verhilft, so findet er in ihrem Glauben, ihrer Hoffnung und ihrer Liebe zu sich. Wenn sie ihn lieben, sind sie (nach 1 Korinther 8,3) von ihm erkannt. Und wenn sie hoffen, nimmt er sie in seine eigene Zukunft hinein. Was aber heißt das für den Glauben?

Die Antwort ergibt sich, wenn man sich an die Wendung erinnert, die *Heidegger* der Frage »Was heißt denken?« gab[109]. Er hörte aus ihr die Frage nach dem Beweggrund des Denkens heraus, sodass sie lautete: »Was heißt uns denken?« Dasselbe gilt nun aber erst recht für den Glauben. Was uns zum Glauben bewegt, ist zwar vordergründig die an uns ergangene Gottesoffenbarung. Hintergründig aber ist es der, in dem diese Offenbarung Gestalt und Antlitz gewann. Er ist es, der uns zum Glauben bewegt und verhilft. Denn er ist nach dem Ignatiuswort »unser lebendiger Glaube«, und er will immer mehr dazu werden.

22. DAS FORTLEBEN

Mitten unter uns

Tod und Auferstehung bilden den Wendepunkt von der Le-
bens- zur Wirkungsgeschichte Jesu. Er stirbt, deutlicher gesagt, in die Geschichte hinein. Seitdem ist sie von ihm durch-
formt und geprägt. Die Voraussetzung dafür schuf der
Parusieglaube, der durch seine Erwartung der Neuordnung
aller Dinge mit dem antiken Bild des ewig in sich kreisenden
Kosmos brach und mit dem Satz »die Gestalt dieser Welt
vergeht« (1 Korinther 7,31) das In-der-Welt-Sein nur noch
als ein Dasein auf Abruf gelten ließ.

DER GESCHICHTSGANG

Aus seiner Absage an die Welt zog Paulus die konstrukti-
ve Konsequenz mit seinem Entwurf eines evolutionären,
unter Wehen und Stöhnen dem Ziel der universalen Gotteskindschaft entgegenstrebenden Weltgeschehens (Römer
8,18–23)[110]. Nach langer Inkubationszeit griff der kalabrische
Abt *Joachim von Fiore* darauf zurück, als er im Blick auf die
Trinität drei Zeitalter unterschied: eine im Sternenlicht stehende Zeit des Vaters, des Gesetzes und der Furcht, eine von
der Morgenröte beschienene Zeit des Sohnes, des Glaubens
und der Gnade und eine in der vollen Tageshelle erstrahlende
Zeit des Geistes, der Weisheit und der Liebe[111]. Darauf bezog
sich *Hegel*, als er den Sinn der Geschichte im Fortschritt im
Bewusstsein der Freiheit erblickte. Dass dieser Ansatz auch
verhängnisvoll missbraucht werden konnte, zeigt sich daran,
dass Joachim in der letzten Epoche das »dritte Reich des
Geistes« heraufkommen sah, das von der Hitlerdiktatur zu
einem Reich des Ungeistes, des Terrors und des Mordens per-

vertiert wurde. Weniger dramatisch, aber kaum weniger folgenschwer war es auch, als nicht mehr von Fortschritt im Freiheitsbewusstsein, sondern nur noch von dem – schließlich zum Selbstzweck erhobenen – Fortschritt die Rede war und damit Entwicklungen Tor und Tür geöffnet wurden, die sich sowohl der theoretischen wie ethischen Kontrolle entzogen.

DIE LEBENSGESCHICHTE

Auf einem Höhepunkt der Patristik legte *Gregor von Nyssa* den Grund für eine »biografische« Deutung des Geschichtsgangs, als er erklärte:

> *Das uns eingeborene Kind ist Jesus, der in denen, die ihn aufnehmen, auf unterschiedliche Weise an Alter, Weisheit und Gnade heranwächst. Er ist nicht in jedem der Gleiche; vielmehr erscheint er einmal als Kind, dann als Heranwachsender und schließlich als Vollendeter[112].*

In Erinnerung an das »biogenetische Grundgesetz«, wonach sich die Entwicklung der Gattung in der jedes einzelnen Individuums wiederholt, fragte *Henri de Lubac*, ein Hauptvertreter der Théologie Nouvelle, ob dieses Wort nicht das Modell einer christozentrischen Geschichtsdeutung enthalte[113]. Dabei griff er auf Ansätze zurück, die sich über *John Henry Newman* bis in die neuzeitliche Mystik zurückverfolgen lassen, jedoch erst im Werk der *Gertrud von le Fort* ihre volle Ausgestaltung erfuhren. Danach stehen einige Epochen im Zeichen der Menschwerdung Jesu, während andere wie die der Dichterin von seiner Todesangst überschattet sind. In der Zeit der Diktatur mit ihren Bücherverbrennungen und Vernichtungslagern schlug für diese Epoche die große Karfreitagsstunde, während sich in anderen der Ostermorgen, wenn nicht gar schon das jüngste Gericht ankündigt[114]. So empfängt eine jede ihre religiöse Sinnzuweisung aus der ihr entsprechenden Station der Lebens-, Leidens- und Endgeschichte Jesu. Er kommt immerfort in ihren Aufbrüchen, er leidet in ihren Krisen, stirbt in ihren mörderischen Abstürzen, ersteht aufs Neue in den Stunden ihrer Einkehr und Erneuerung und ruft sie immerfort schon in sein Gericht[115].

DIE BINNENGESCHICHTE

Indessen könnte von dieser an der Jesusvita abgelesenen Ordnung der Zeiten nicht die Rede sein, wenn das Wort des Nysseners zuvor nicht wörtlich zuträfe, wenn es also keine Christusgeburt im Herzen der Glaubenden gäbe. Doch gerade darauf legt Paulus mit seiner Schule alles Gewicht. Für sie will Christus durch den Glauben den Herzen der Seinen einwohnen (Epheser 3,17). Paulus selbst betont das durch die von ihm wiederholt gebrauchte Wendung »Christus in mir«, während seine Schule den Gedanken eines progressiven Wachstums dieser Einwohnung entwickelt (4,13). Danach wird der Auferstandene in einem jeden der Seinen wieder Kind, um in ihm, dem dadurch zur Gotteskindschaft Gelangenden, seine Lebensgeschichte zu wiederholen. Dabei macht er sich nach dem Wort des Nysseners von der jeweiligen Fassungskraft des Aufnehmenden abhängig, sodass er das Endstadium nur in den sich darauf vorbehaltlos Einlassenden erreicht.

Das Wachstum des inwendigen Lehrers, Helfers und Heilers vollzieht sich somit synchron zur Aneignung der Gotteskindschaft, die als der Schlüssel und Spitzenbegriff der christlichen Anthropologie zu gelten hat. Das urchristliche Postulat »Erkenne, Mensch, deine Würde!« ist demzufolge gleichbedeutend mit der Aufforderung Christi: »Erkenne dich in mir, und gib mir Raum in dir!« Das ist der »wunderbare Tausch«, um den es im Zentrum der christlichen Mystik geht. Ist das Christentum aber auch wirklich eine mystische Religion?

23. ESOTERIK UND MYSTIK

Der Christ der Zukunft

Das heutige Christentum verliert zusehends Boden an die Esoterik, die mit dem Anspruch, Einblick in unbekannte geistige Bereiche zu bieten, eine Gegenwelt zur christlichen aufbaut. Viele, die sich ihr zuwenden, tun es in der Enttäuschung darüber, dass die Kirchen auf ihre Suche nach spiritueller Erfahrung nicht eingehen, sondern ihnen an Stelle des ersehnten Brotes die harten Steine der Direktiven, Ge- und Verbote bieten. Deshalb betont die Neue Theologie:

> *Das Christentum ist keine moralische, sondern eine mystische und therapeutische Religion.*

Aber war Jesus ein Mystiker? War Paulus ein Mystiker? So sehr das Erste verneint werden muss, ist das Zweite – gegen heutigen Widerspruch – zu bejahen. Denn Paulus ist nach seinem ausdrücklichen Selbstzeugnis durch seine Lebenswende vor Damaskus zum Mystiker geworden. Und er gibt gleichzeitig zu verstehen, dass Jesus für ihn zwar kein Mystiker, wohl aber Gegenstand und Inhalt seiner Mystik war. Deshalb lässt ihn einer der besten Pauluskenner der älteren Schule, der Neutestamentler *Alfred Wikenhauser,* sagen:

> *Der für mich am Kreuz Gestorbene führt nunmehr in mir als Auferweckter sein Leben[116].*

Doch was ist Mystik? Darauf antwortet *Karl Rahner* zunächst mit der Prognose, der Christ der Zukunft werde ein Mystiker oder überhaupt nicht sein. Und er präzisierte diesen Satz alsbald mit dem klärenden Zusatz, dass ein Mystiker nicht nach spektakulären Begleiterscheinungen wie Visionen, Auditionen und Stigmatisationen, sondern nach Gotteserfahrung strebe. Das entspricht vollauf der Wende vom Bekenntnis- zum Erlebnisglauben, dem es darum geht, den Inhalt des von den Glaubenssätzen Umschriebenen in Erfahrung zu bringen. Für Paulus bewirkt das der Gottesgeist, der (nach 1 Korinther 2,10) sogar die »Tiefen der Gottheit« erforscht. Er baut für Christus das Haus seiner Einwohnung auf, das der Apostel auf zwei Pfeiler gegründet sieht, die er mit den beiden Grundformeln seiner Mystik kennzeichnet: der von ihm vielfach gebrauchten Formel »in Christus« und der selteneren, aber gleichrangigen »Christus in mir«. Sie ergänzen sich zu einer Sphäre, die Paulus zum Begriffsbild des mystischen Leibes verdichtet[117]. Darin ist der Einwohnende das »Haupt«, das seine »Glieder« belebt, belehrt und bewegt, während diese den Raum seiner Anwesenheit bilden. Dieser Austausch vollzieht sich vor allem im Gebet, in das sich der Gottesgeist als Fürsprecher einmischt, um ihm zu seinem Ziel auf und empor zu helfen.

Das ist alles andere als der Rückzug in eine quietistische Abgeschiedenheit. Wie der missionarische Aktivist Paulus selbst beweist, geht von der Mystik vielmehr der stärkste Antrieb zu tätigem Engagement aus. Sein Beispiel zeigt, dass dieser Einsatz bisweilen sogar kämpferische Formen annehmen kann. Vor allem aber zeigt es, dass es dabei hauptsächlich darum geht, den inneren Gewinn nach außen zu tragen. Weil der Gewinn (nach 1 Korinther 8,3) in der durch die Liebe gewonnenen Erkenntnis besteht, ist deren ureigene Tat (nach Galater 5,6) nun umgekehrt die Liebe. Als vorzüglichste aller Charismen »verausgabt« sie sich ständig, sodass sie ebenso in Werken der Weisheit und Erkenntnis wie in denen der Heilung und Kritik wirksam wird (1 Korinther 12,8ff.). Wie diese Aktivitäten Ausdruck des inneren Zusammenspiels sind, wirken sie vertiefend auf dieses zurück. Sein Werk bestätigt dem Mystiker, dass er von Christus, dem Haupt, verstanden und geliebt wird, aber nicht weniger auch, dass Christus sich in ihm versteht und liebt. Deshalb wendet er sich betend an ihn und dienend nach außen.

24. WAS RECHTES BETEN IST

Betende Interaktion

Wenn man die Quelle sucht, aus der Jesus die Kraft zu seiner Welt bewegenden Lebensleistung schöpfte, wird man fraglos bei seinem Beten fündig. Er ist nach dem Urteil *Friedrich Heilers* »der gewaltigste Beter der Geschichte«[118]. Nach dem Bericht der Evangelien verbringt er ganze Nächte im Gebet. In einer solchen Nacht bereitet er sich auf die Jüngerwahl und die Bergpredigt vor, nachdem er in seinem Gebet nach der Taufe (Lukas 3,21) den Zuspruch der Himmelsstimme »du bist mein geliebter Sohn« vernommen hatte. Betend gewinnt er die Kraft zu seinen Wundertaten. Betend nimmt er Abschied von der Welt. Betend erwartet er seine Gefangennahme. Betend verzeiht er seinen Henkern, und betend übergibt er seinen Geist den Händen des Vaters. Als Auferstandener wird er schließlich, wie *Martin Buber* erklärte, im Ausruf des überwundenen Zweiflers – »mein Herr und mein Gott« – zum Adressaten des ersten christlichen Gebets[119]. Es war sodann, so Heiler, Paulus, der auf dem von Jesus gelegten Grundstein »den Dom der christlichen Gebetsfrömmigkeit« errichtete. Doch was ist das Gebet?

DIE SINNDEUTUNG

Ist es der Ruf der bedrängten Menschen aus der Tiefe? Ist es, wie *Beethoven* nach einer überstandenen Krise schrieb, der »Dankgesang eines Genesenen an die Gottheit«? Ist es das vielstimmige Lob Gottes? Ist es »die Erhebung des Geistes zu Gott« oder, wie in den weitaus meisten Fällen, der Flehruf um göttliche Hilfe? Paulus widerspricht diesen Deutungen jedoch mit dem von *Johann Sebastian Bach* vertonten Satz:

Wir wissen nicht, um was wir beten sollen, wie sich's gebührt. Da tritt der Geist für uns ein mit unaussprechlichem Seufzen. Der aber die Herzen erforscht, kennt das Ansinnen des Geistes, der für die Heiligen vor Gott eintritt (Römer 8,26)[120].

Danach geht es im Gebet, wie Paulus im Widerspruch zur allgemeinen Ansicht versichert, nicht um Abhilfe in den menschlichen Anliegen, sondern – um Gott. Denn jeder Beter besitzt einen inneren Fürsprecher, der die Sache des Gebets an sich zieht und zum Ziel führt. So wird das Gebet aus einem Dialog des Menschen mit Gott zu einer Zwiesprache des Gottesgeistes mit Gott. Im Gebet des Menschen tritt Gott in ein Wechselgespräch mit sich selbst.

DER DIALOGISCHE GOTTESBEWEIS

Zur Verdeutlichung dessen schuf das Evangelium eine instruktive Szene. Danach erscheint Jesus den Jüngern, die sich im vom Sturm gepeitschten Boot befinden, auf dem See und gibt sich ihnen mit seinem machtvollen »Ich bin es – fürchtet euch nicht!« zu erkennen. Überwältigt von seiner Erscheinung bittet Petrus, ihm auf dem Wasser entgegengehen zu dürfen. »Als er aber den Wind und die Wogen bemerkte, bekam er es mit der Angst zu tun und begann zu sinken. Da schrie er: Herr, rette mich!« Alsbald entreißt ihn Jesus dem drohenden Untergang, jedoch mit dem Vorwurf: »Du Kleingläubiger, warum hast du gezweifelt?« (Matthäus 14,23–30)

Im Gebet geht es um Gott; es ist ein dialogisch geführter Gottesbeweis. Als solcher beginnt es mit einer Anrufung Gottes, die dieser mit einer Ermutigung beantwortet. Daraufhin lässt sich der Beter auf das Wagnis ein, die brüchige Weltwirklichkeit zu verlassen, um seinen definitiven Halt und Stand in der Gotteswirklichkeit zu gewinnen. Doch dieser Übergang gestaltet sich zur Krise. Denn in dem Nichtmehr der aufgegebenen Weltwirklichkeit und dem Nochnicht des Haltes in Gott nistet die Angst. Sie treibt dem Beter ein »De profundis« auf die Lippen. Und nun ereignet

133

sich, sofern er nur durchhält, die große Wende: In dem vermeintlichen Nichts stellt sich eine leise Fühlung ein, die sich zunehmend zu der Gewissheit verdichtet, dass nicht nur etwas, sondern dass er, der Gesuchte, da ist, der den Beter an sich zieht und ihm so die Gewissheit, ihm nah und für ihn da zu sein, vermittelt.

GEBET UND GLAUBE

Das Gebet ist, wie sich jetzt zeigt, die mit dem Herzen gestellte Gottesfrage. Das bestätigt *Buber* mit dem Satz, das Gebet sei »letztlich die Bitte um Kundgabe der göttlichen Gegenwart, um das dialogische Spürbarwerden dieser Gegenwart«[121]. Doch führt er gleichzeitig über die erstrebte Bestätigung hinaus, sofern er von einer »dialogischen« Gottesfühlung spricht. Denn eine Frage verlangt nicht nur nach einer Vergewisserung, sondern nach einer Antwort. Sie aber wird dem Beter nicht – noch nicht – gegeben. Doch der Gott des Christentums ist nicht nur ein naher, sondern auch ein redender und sich mitteilender Gott. Er redet, um verstanden zu werden. Und um diese Verständigung geht es im Glauben.

Das nötigt zu einer Revision der gewohnten Verhältnisbestimmung von Gebet und Glaube. Das Gebet ist keineswegs, wie allgemein angenommen wird, bloße Herzenssache, und der Glaube keineswegs, im Sinn derselben Annahme, ein Akt von Intellekt und Willen. Vielmehr stehen beide in einem unabdingbaren Verweisungszusammenhang, weil die im Gebet gestellte Gottesfrage nicht nur beschwichtigt, sondern beantwortet werden will. Doch dazu kommt es, wenn sich das Gebet angesichts des von ihm angerufenen Gottes, seiner Antwort gewärtig, in den Glauben fortsetzt. Von ihm darf es erwarten, was über die bloße Fühlung hinausgeht und was *Buber* die dialogische Erfüllung seiner Bitte nennt. Damit klärt sich dann aber auch das tatsächliche Verhältnis von Gebet und Glaube. Das Gebet ist, wie sich jetzt zeigt, das Fundament des Glaubens und dieser die Krönung des Gebets.

25. DURCH DIE LIEBE WIRKSAM

Die Tat des Glaubens

Wenn sich Jesus nach Auskunft der Evangelien betend auf die großen Initiativen und Rückschläge seines Lebens eingestimmt hat, ergibt sich daraus ein Rückschluss auf das Gebet: Dann lebt dieses, mit *Goethe* gesprochen, wie der Atem »aus zweierlei Gnaden«, aus Verinnerlichung und Verausgabung. Gebet ist dann nicht nur Einkehr und Sammlung, sondern Konzentration zu tätigem Einsatz. Von ihm gilt dann vielmehr dasselbe wie vom Glauben, von welchem Paulus sagt, dass er »durch die Liebe wirksam« werden will (Galater 5,6). Was heißt das?

Grundsätzlich geantwortet: dass Glaube und Liebe die Arme sind, mit denen die Betenden Christus, das leibhaftige Prinzip Liebe, in ihre Mitte aufnehmen. Gerade das aber bestätigt er, wenn er versichert:

Wo zwei oder drei in meinem Namen versammelt sind, da bin ich mitten unter ihnen (Matthäus 18,20)[122].

Vor diesem Hintergrund stellt sich nun aber mit Nachdruck die Frage: Was bewirkt die Liebe?

DIE ALTERNATIVE

Lebensgeschichtlich antwortete Jesus auf die Frage damit, dass er das von den Zeloten zum Freiheitskampf gegen Rom aufgeputschte Volk vom Weg der Gewalt abzubringen suchte. Wie eine Henne, so sagt er mit einem plastischen Bildwort, wollte er es schützend und bergend unter seine Flügel nehmen (Lukas 13,34). Für den Fall der Weigerung drohte er jedoch Jerusalem mit einem gegensinnigen Wort an, dass es von einem Kriegsheer umringt und in Schutt und Asche gelegt werde (Lukas 21,20).

In der Auswirkung seiner Lebenstat ging es ihm aber nicht nur um die Überwindung der Gewalt, sondern um die des die gesamte Antike verdüsternden Hasses. Gegen dessen Zerstörungsmacht kam nur die von ihm erschlossene und gelebte Liebe Gottes auf. Zu ihr mussten die Menschen gegen alle Hemmungen und Widerstände bewogen werden.

Zwar ist der Mensch gewiss nicht der homo necans, also das von Haus aus mörderische Wesen, wie er bisweilen plakativ genannt wird, weil er sich dann schon zu Beginn seines Aufkommens ausgerottet hätte. Doch die ihm mit auf den Weg gegebene Mutterliebe hat sich auch nie zum Prinzip des allgemeinen Handelns erhoben. Dafür ist das Verhältnis von Mensch zu Mensch viel zu sehr von der Angst überschattet, dass sich der Freund von heute über kurz oder lang in einen gefährlichen Feind verwandeln könne. Und dafür krankt er in seiner Todverfallenheit viel zu sehr an einer geradezu chronischen Liebesunfähigkeit (*Ratzinger*). Ihm muss daher, gegen seine Neigung und Anlage, die Liebe eingestiftet werden, wenn sein Glaube durch die Liebe wirksam werden soll. Wie ist das möglich?

Zweifellos nur dadurch, dass sich die Liebe selbst dem liebesunfähigen Menschen einstiftet und ihm dadurch zu dem, was seine Fähigkeit übersteigt, verhilft. Das aber ist der Kerngedanke der auf das Motiv der Einwohnung Christi aufbauenden christlichen Mystik. Er muss freilich der von *Gottlieb Söhngen* beklagten Vergessenheit entrissen und neu zum Leuchten gebracht werden. Doch gerade darauf bezieht sich die in Gang gekommene glaubensgeschichtliche Wende, die letztlich darauf ausgeht, den immer noch vorherrschenden Gegenstandsglauben in einen Innerlichkeits- und Identitätsglauben zu verwandeln. Das hatte Paulus längst schon mit dem Bekenntnis vorweggenommen:

Ich lebe, doch nicht ich – Christus lebt in mir (Galater 2,20)[123].

DIE AUSWIRKUNGEN

Die Folgen dieses »wunderbaren Tausches« liegen geradezu auf der Hand. Zuerst wandelt sich das heteronome Verhältnis zu Gott in das intime der Gotteskindschaft, damit aber auch das Selbstverhältnis des Menschen. Wo er, vor sich selbst zurückschreckend, zögerte, gewinnen in ihm Mut und Selbstvertrauen die Oberhand. Und wo ihn ein tief sitzender Argwohn lähmte, bewegt ihn die ihn bergende Liebe zu Initiativen und mitmenschlichem Engagement. Dessen Ziel ist ihm durch das Vorbild Jesu vorgegeben. Was Jesus bei seinem Versuch, Israel vom Weg der Gewalt abzubringen, nicht gelang, ist für ihn vorrangige Verpflichtung. Da ihm die ihm eingestiftete Liebe zum Frieden in Gott verhalf, begreift er es als seine vornehmste und vordringlichste Aufgabe, sich für die stets neu bedrohte Sache des Friedens einzusetzen. Auch wenn ihm politischer Einfluss versagt ist, wird er dafür im kleinen Kreis seiner familiären und beruflichen Lebenswelt umso zielstrebiger darauf hinarbeiten. Und das in dem Bewusstsein, dass alle Erneuerungen noch immer ganz unten ihren Anfang nahmen. In seinem Friedensdienst wird so sein Glaube durch die Liebe wirksam.

26. DER BESSERE WEG

Immunisierung statt Gesetz

»Was können wir wissen? Was dürfen wir hoffen? Was sollen wir tun?« Das sind nach *Immanuel Kant* die drei Grundfragen des Menschengeistes. Weil ihm die letzte die wichtigste war, stellte er sie mit solchem Nachdruck, dass er damit die Christenheit auf die schiefe Bahn ihres moralischen Selbstmissverständnisses drängte. Selbst im Außenraum gilt das Christentum als eine primär moralische Institution, die solange zu dulden ist, wie sie für die Einhaltung der sittlichen Ordnung sorgt und sich durch soziale Einrichtungen um die Gesellschaft verdient macht. Die Neue Theologie vertritt jedoch, wie gesagt, den Grundsatz: Das Christentum ist keine moralische, sondern eine therapeutische und mystische Religion.

Zwar hat es eine Moral; doch ist es im Unterschied zu dem auf das göttliche Gesetz gegründeten Judentum keine primär moralische Religion. Und sein Unglück besteht darin, dass es die Moral, über die es tatsächlich verfügt, in ihrem Kern noch immer nicht begriffen hat. Worin besteht er?

DER KÖNIGSWEG

Die von den Kirchen praktizierte Moral baut auf die Macht von Direktiven. Durch Gebote und Verbote sollen die Menschen vom Bösen abgehalten und zum Guten angehalten werden. Paulus weiß jedoch aus schmerzlicher Erfahrung:

> *Ich hätte die Sünde nicht kennen gelernt, wenn es das Gesetz nicht gäbe. Und ich wüsste nichts von der Begierde, wenn das Gesetz nicht sagte: Du sollst nicht begehren! (Römer 7,7)[124]*

Im selben Zusammenhang, in dem er diesen Einwand gegen die Normenmoral erhebt, entwirft Paulus dann aber das Modell einer besseren, auf das Urprinzip Liebe gegründeten und deshalb ungleich effektiveren neuen Moral. Denn so bedingt der Mensch durch Direktiven und Verbote vom Bösen abgehalten werden kann, so sicher gelingt dies, wenn ihm ein Prinzip eingestiftet wird, das ihn zum Ansinnen und Antun des Bösen unfähig macht. Gerade dies aber bewirkt die ihm (nach Römer 5,5) durch den Gottesgeist eingegossene Liebe. Schon in dem berühmten, auf seine jüdische Vorzeit zurückgehenden Hymnus auf die Liebe (1 Korinther 13,1–12) hatte Paulus auf den »anderen Weg« verwiesen. Jetzt, im letzten seiner Briefe, erklärt er feierlich:

> *Die Liebe fügt dem Nächsten nichts Böses zu. Deshalb ist die Liebe die Erfüllung des Gesetzes. (Römer 13,10)*

DER MYSTISCHE GRUND

Das alles bliebe angesichts der Liebesunfähigkeit des Menschen blasse Theorie, wenn ihm dabei nicht geholfen, deutlicher gesagt, über sich selbst hinweggeholfen würde. Doch das Christentum ist zwar keine moralische, wohl aber eine therapeutische und mystische Religion. In dieser Frage wird die Mystik zur Therapie, so wie diese ihre Heilkraft der Mystik verdankt.

Dem Menschen ist eine Todeswunde geschlagen, die sein ganzes Leben traumatisiert und seine Grundbeziehungen verstört: die Beziehung zu Gott, dem er dieses Schicksal nicht verzeihen kann, die Beziehung zum Mitmenschen, den er zu trübem Trost demselben Schicksal unterworfen sieht, sofern er ihn nicht, todestrunken, in seinen Tod mit hinein zu reißen sucht, und sein Verhältnis zu sich selbst, da er sich aufgrund derselben Vorbestimmung ständig zu entgleiten droht (*Pascal*). Deshalb bedarf er der von *Kierkegaard* geforderten »Heilung von Grund auf«, die ihm von dem »göttlichen Arzt« auch tatsächlich gewährt wird[125]. Denn Jesus ist in der langen Geschichte der Menschheit der einzige, der tatsächlich dem Tod entrissen und in die Lebensfülle Gottes aufgenommen wurde. Durch seine Auferstehung aber steigt er im Sinn des Glaubensartikels von seiner Höllenfahrt zu denen herab, die »in Finsternis und Todesschatten« hausen, um sie jetzt schon, inmitten ihres dem Tod verfallenen Daseins, in seine Gottessohnschaft aufzunehmen und dadurch der Todesgewalt zu entreißen. Zwar müssen sie sterben, dies jedoch in der Gewissheit, die Schrecken des Todes bereits ausgestanden und hinter sich zu haben. Deshalb können sie davon ablassen, mit ihrem Denken und Handeln Schrecken zu verbreiten und stattdessen den Anfang mit einem Leben aus dem Geist der Liebe, der gegenseitigen Hilfe und der tätigen Friedfertigkeit zu machen. So beweisen sie, dass sie tatsächlich aus dem Geiste dessen leben, der die Welt vom Weg der Gewalt abzubringen und sie stattdessen auf den der Liebe, der Verständigung und des Friedens zu verweisen suchte.

27. KEINE ANGST, GLAUBE NUR!

Die Angstüberwindung

Im »Zeitalter der Angst« (*Auden*) wird die Erhebung des Menschen zu seinem Hochziel nur gelingen, wenn das »Joch der Todesfurcht« (Hebräer 2,15)) und damit der schwersten aller Ängste von seinen Schultern genommen wird. Aber welche Religion – und nur Religionen kommen dafür in Betracht – ist dazu fähig? Sicher nicht eine von jenen, die sich auf das Bild eines gleicherweise gütigen und schrecklichen und damit Angst erregenden Gottes beziehen. Aber auch der Beitrag des Christentums zur Lösung dieses Fundamentalproblems ist zweifelhaft, nachdem *Oskar Pfister* in seinem erschütternden Alterswerk ›Das Christentum und die Angst‹ nachwies, dass alle christlichen Konfessionen, ungeachtet ihrer sonstigen Differenzen, darin einig gingen, dass die Menschen durch die Suggestion von Gewissens-, Sünden-, Teufels- und Höllenängsten zur Akzeptanz ihrer Direktiven veranlasst werden müssten[126]. Doch diese Spirale der Angst brach trotz aller Aufrufe zur Wiederentdeckung der Sünde während der letzten Jahrzehnte lautlos in sich zusammen. Und damit wurde der Rekurs auf den, dem in dieser Frage das letzte Urteil zusteht, frei. Wie lautet das Urteil Jesu?

DER ABGRUND

Er fällt es inmitten einer dramatischen Szene. Ein Synagogenvorsteher bittet ihn verzweifelt um Hilfe für seine im Sterben liegende zwölfjährige Tochter. Doch Jesus wird durch eine gleichfalls Hilfesuchende aufgehalten. Da erreicht den Vater die Nachricht vom Tod seines Kindes. Doch Jesus ermutigt ihn mit dem Zuruf:

Und er ruft, bestätigt durch den Glauben des Vaters, das Kind ins Leben zurück. Sein Wort ist von programmatischem Gewicht. Denn es zwingt zum Umdenken bei der Suche nach dem Gegensatz zum Glauben. Wo allgemein der Unglaube angenommen wird, nennt er den unvermuteten, aber wahren Gegner: die Angst. Sie ist nach der Sinndeutung *Martin Bubers* der diametrale Gegensatz zum Glauben. Während sich dieser in der Gotteswirklichkeit zu verankern und in ihr Halt und Stand zu gewinnen sucht, untergräbt die Angst diesen Boden und suggeriert dem tief Geängsteten das Gefühl, in einen bodenlosen Abgrund zu stürzen. Dabei verschlägt es ihm die Sprache, sodass er, verstummend, den Kontakt zur Mitwelt verliert und ganz auf sich zurückgeworfen wird. Dabei stellt sich ein weiteres Gespenst der Gegenwart ein: die Einsamkeit. Angst und Einsamkeit sind, wie sich jetzt zeigt, Wechselbegriffe. Die Angst ist die »Seele« der Einsamkeit und diese die »Schale« der Angst, verstanden als deren soziale Außenform.

DIE ÜBERWINDUNG

Mit welchem Recht, so ist nun aber zu fragen, kann Jesus den verzweifelten Vater zu angstfreiem Glauben aufrufen? Die Antwort gibt er mit seinem Zuspruch: mit dem Recht des Glaubens! Denn der Glaube schafft Halt, er verbindet und bestätigt. Damit überwindet er zwar nicht alle Ängste, zumal einige von ihnen warnende und lebensrettende Funktion haben, wohl aber die drei Wurzelängste: die Angst vor Gott, die Angst vor dem Mitmenschen und die Angst des Menschen vor sich selbst.

Die im Grunde aller Ängste drohende Fundamentalangst, der auch der Atheist nicht entgeht, die Angst also, den letzten tragenden Halt zu verlieren, überwindet Jesus durch seine Entdeckung des nahen, dem Menschen väterlich zugewandten und ihn bedingungslos liebenden Gottes. Und er bewirkt dies mit einem einzigen Wort, mit seiner ehrfürchtig-zärtlichen Gottesanrede »Abba – Vater«, mit der er den Schatten aus dem Gottesbild der Menschheit beseitigt, Gott aus der vielfach empfundenen Ferne herbeiruft und Zugang zu seinem Herzen schafft[128]. Ebenso genügt ihm zur Überwindung der Sozialangst der knappe Satz: »Liebe deinen Nächsten wie dich selbst«, der nach *Kierkegaard* besser mit »als dich selbst« wiedergegeben werden sollte[129]. Denn damit fordert er dazu auf, im anderen das Ebenbild seiner selbst zu erblicken, sodass jede ihm gewährte Hilfe zur Selbsthilfe wird, und jedes dem anderen zugefügte Unrecht einem Akt der Selbstbeschädigung gleichkommt. Und nicht zuletzt überwindet er die unheimlichste aller Ängste, die Existenzangst, verstanden als die Angst des Menschen vor sich selbst in seinem Zwiespalt von Selbstsucht und Selbsthass (*Kierkegaard*), in dem er ihn als Erhöhter an sich zieht (Johannes 12,32) und dadurch zum Stand der Gotteskindschaft erhebt (Römer 8,15).

Da die Angst auch weithin die politischen und sozialen Verhältnisse bestimmt, ist ihre Überwindung ein unabdingbares Ziel aller Weltreligionen. Können sie angesichts ihres Erscheinungsbildes aber einen effektiven Beitrag dazu leisten? Darauf antwortet der Buddhismus mit seinem dem Ziel des Nirwana entgegenführenden Meditationsweg, der den Menschen in Abkehr von seiner Geltungs-, Besitz- und Genussgier in einen Zustand der Indifferenz und Unangreifbarkeit versetzt und gleichzeitig durch das Mitleid mit allen unter Schmerz, Gram und Verzweiflung Leidenden seine instinktive Aggressivität bezwingt. Damit widersetzt sich der Buddhismus, höchst effektiv, der Angst, sofern sie den von ihr Befallenen ebenso lähmt wie im Grenzfall zu unkontrollierten Abwehrreaktionen veranlasst[130]. Schwierig ist die Beantwortung der Frage im Fall des Islam, der in seiner nachhaltigen Reaktion auf den Irakkrieg ein eher bedrohliches als beschwichtigendes Erscheinungsbild bietet. Doch so sehr der Islam seinen Siegeszug als Schwertreligion angetreten hat, ist er, wie schon das *schalom* in seinem Namen erkennen lässt, von seiner Wurzel her eine Religion der Hingabe an Gott und seinen alles bestimmenden Willen. Das führt zu einem »kurzgeschlossenen« Gottesverhältnis des Muslim, das ihm, ungeachtet aller Nöte und Konflikte, im Bewusstsein der Geborgenheit in Gott der Daseinsangst enthebt[131]. Im Feld des Judentums ist es vor allem die im Gebet gewonnene Fühlung der tragenden Gotteswirklichkeit, die den Beter den Felsengrund eines angstfreien Daseins finden lässt[132].

Auf dieser Basis muss eine Verständigung und in deren Folge ein Schulterschluss der Weltreligionen mit dem Ziel einer Bewusstseinswende angestrebt werden, die der kollektiven Depression die Angst überwindende Kraft des Gottesglaubens entgegensetzt. Denn nur in einer Atmosphäre des Aufatmens kann dieser Glaube seine ganze Leuchtkraft entfalten.

28. WAS ZUM FRIEDEN DIENT

Die Rettung der Welt

Am Schluss ihrer Präsentation greift die Neue Theologie auf ihren Anfang zurück, an dem sie sich bereits als Modell einer Theologie des Friedens erwiesen hatte. Dabei muss sie sich auf die dafür besonders relevanten Motive beziehen, die im Zuge ihrer Selbstdarstellung zum Vorschein gekommen waren. Denn sie muss den Anschein vermeiden, so wie die Friedensklagen der Humanisten mit *Erasmus von Rotterdam* an ihrer Spitze, nur ein, wenn auch noch so eindringliches Plädoyer für den Frieden zu sein[133]. Allzu lange war der Friede nur das große Desiderat der Menschheit. Angesichts der akuten Kriegsdrohung der Gegenwart – aber auch unabhängig davon – muss er aus dem Himmel der Wünschbarkeiten auf den harten Boden der Wirklichkeit herabgeholt werden und aus einem Optativ in einen Imperativ verwandelt werden. Nur so wird die Neue Theologie dem durch die progressive Realisierung von Utopien gekennzeichneten Zeitgeschehen gerecht. Doch worin bestehen die zum Frieden bewegenden und ihn fordernden, wenn nicht gar erzwingenden Motive?

DIE BEWEGGRÜNDE

Der innerste und zugleich mächtigste Grund besteht zweifellos in der Gottesentdeckung Jesu, in der die Neue Theologie ihre Mitte und ihren zentralen Antrieb gefunden hat. Da der bedingungslos liebende Gott Jesu Christi diese Mitte bildet, kann von ihr nicht wie von einer statischen und als solche begrifflich zu fassenden Größe die Rede sein. Vielmehr entspricht ihr nur ein Begreifen, das sich als ein Ergriffensein von ihr und überdies als eine Handlungsanweisung durch sie versteht. Denn die Liebe Gottes hat sich in Jesus manifestiert, um der friedlosen Welt einen Spiegel vorzuhalten, sie von ihrer Gewaltverhaftung abzubringen und sich ihr als neues Gestaltungsprinzip einzustiften.

Gleichgewichtig fällt deshalb das zweite Motiv in die Waagschale, das mit der leibhaftigen Selbstdarstellung Gottes in Jesus gegeben ist. Er hat seine Jünger als Friedensboten auf den Weg geschickt, zur Toleranz verpflichtet, ihnen bei seinem Abschied den Frieden zugesichert und sich ihnen als Auferstandener mit dem Friedensgruß präsentiert. Im Bedenken seiner Lebensleistung begriffen sie: »Er ist unser Friede« (Epheser 2,14). Den entscheidenden Anstoß zum Frieden aber gab er durch sein Fortleben im Herzen der Seinen. Denn Jesus unterscheidet sich von allen anderen Religionsstiftern nicht nur dadurch, dass er die von ihm verkündete Botschaft zugleich in leibhaftiger Verkörperung ist, sondern dadurch, dass er ungeachtet seiner Geschichtlichkeit nie zu etwas Vergangenem wird (*Kierkegaard*), sondern die an ihn Glaubenden mit seiner Gegenwart und personalen Anwesenheit erfüllt.

Wie Jesus nie zu etwas Vergangenem werden kann, so darf nach seinem Willen der Mensch – und darin besteht das dritte Motiv – nicht bleiben, was er ist. Denn dem Christentum geht es nicht um die Disziplinierung, sondern um die Erhebung des Menschen. Wenn ihm zur Überwindung seiner Aggressivität und zum Aufbau einer friedvollen Lebenswelt verholfen werden soll, muss der in ihm wütende und zum Bösen antreibende Todesstachel aus seinem Herzen entfernt und diesem statt dessen das Prinzip der Liebe und des Friedens eingestiftet werden. Das ist möglich, weil der Mensch in seiner Plastizität sowohl von sich abfallen als auch zu jener höchsten Seinsform aufsteigen kann, die in seiner Gotteskindschaft besteht. Die ganze Absicht, die das Christentum mit dem Menschen verfolgt, zielt auf seine Erhebung zu dieser höchsten Seinsform. Sie ist gleichbedeutend mit seiner Befähigung zur Friedenstat.

DIE FRIEDENSTAT

Um den Anfang damit zu machen, muss der Mensch lernen, höher von sich zu denken, als es seiner derzeitigen Einschätzung entspricht. Denn diese ist durch die Thesen von seiner Eindimensionalität (*Marcuse*), seiner genuinen Gewaltbereitschaft (*Girard*) und seiner mörderischen Verfassung (*Burkert*) getrübt. Bei aller Bereitschaft zur Selbstkritik muss sich der heutige Mensch dem Sog dieser defätistischen Einreden entwinden und sich zu der ihm einzig angemessenen Selbsteinschätzung als Gotteskind erheben. Denn nur dann gewinnt er jenes Verhältnis zu sich und seinen noch ungehobenen Möglichkeiten, das ihn zur Schaffung des Friedens befähigt.

Auf dem Weg dorthin müssen zuerst sein Hang zum Bösen und seine Neigung zur Aggression überwunden werden. Das Erste geschieht durch die Einstiftung des Prinzips Liebe, das ihn zum Ansinnen und Antun des Bösen unfähig macht und ihn stattdessen zu Akten mitmenschlicher Zuwendung und Solidarität bewegt. Das Zweite hat die Aufklärung über den wahren Grund der Aggressivität zur Voraussetzung. Sie ist dem Menschen nicht angeboren, sondern entsteht reaktiv auf das Gefühl, in die Enge getrieben zu sein, und damit auf die Angst. Sie macht den Menschen nicht nur furdiham, sondern im Grenzfall auch unberechenbar, bösartig und aggressiv. Deshalb muss der Bann der Angst von deren Wurzeln her gebrochen werden, wie es das Ziel des in seiner Angst überwindenden Qualität begriffenen Christentums ist.

Dieses Ziel wird im selben Maß erreicht, wie sich der Mensch seiner Berufung zur Gotteskindschaft bewusst wird. Als solcher überschreitet er nach *Gregor von Nyssa* seine kreatürliche Verfassung, um sich dem Rang und Stand des Gottessohnes anzunähern. Gleichzeitig wächst er in die Gesinnung hinein, »die in Christus Jesus war«. (Philipper 2,5) Mit ihm will er lieber dienen als bedient werden (Markus 10,45), lieber helfen als herrschen (Lukas 22,25). Vor allem aber begreift er sich jetzt als Werkzeug des von Jesus verheißenen (Johannes 14,27), bewirkten und verkörperten Friedens (Epheser 2,14)[134].

Mit diesem Schlusswort greift die Neue Theologie auf ihren Ausgangspunkt zurück. Denn unabhängig vom Zeitgeschehen, jedoch dramatisch akzentuiert durch dieses, ist ihr letztes wie ihr erstes Wort das ihrer Selbstdarstellung als Theologie des Friedens. Wie sie damit in die Fußspuren Jesu tritt, sucht sie zugleich den Schulterschluss mit allen, die sich in dieser Welt der Gegensätze, der Feindschaft und des Hasses dem Ziel der Versöhnung und der Verständigung verschrieben haben. Dabei zielt sie aber vor allem auch auf die Versöhnung des von Selbstsucht und Selbstflucht zerrissenen Menschen mit sich selbst. Ihm hält sie mit der Idee der Gotteskindschaft das Hochbild eines mit sich selbst versöhnten und geeinten Daseins vor Augen. Denn ungeachtet seiner Hinfälligkeit, Unverlässlichkeit und Versuchlichkeit weiß sich der zur Gotteskindschaft Erhobene an das Herz Gottes gezogen, so dass er sein unruhiges Herz, wie eines der schönsten neutestamentlichen Worte sagt, in ihm beruhigen kann (1 Johannes 3,19ff.). Wenn aber erst einmal dieser Herd aller Unruhe beseitigt ist, wachsen dem Menschen buchstäblich Flügel, mit denen er sich zu seiner Würde, aber auch zu den großen ihm gestellten Aufgaben zu erheben vermag. Dasselbe meint *Goethe* mit dem Vers:

Und alles Drängen, alles Ringen
ist ewige Ruhe in Gott dem Herrn.

29. SELIG DIE FRIEDENSSTIFTER!

Der aktuelle Appell

Das letzte Wort muss die Neue Theologie dem überlassen, dessen Sache sie gegen den »Schlaf der Welt« (*Hebbel*) zur Geltung zu bringen sucht. Dieses Wort sprach Jesus in der aktuellsten der Seligpreisungen seiner Bergpredigt, in der Seligpreisung der Friedensstifter (Matthäus 5,9). Sie wurde aktualisiert durch das Schlüsselwort der Friedensenzyklika »Pacem in terris« *Johannes' XXIII.*, wonach im Zeitalter der Massenvernichtungswaffen der Krieg nicht mehr als Mittel der Beseitigung politischer, wirtschaftlicher oder weltanschaulicher Differenzen in Betracht gezogen werden kann. Und sie wurde bekräftigt durch das große Zeitzeichen von 1989, das auf dem Boden Europas eine Zitadelle des Friedens entstehen ließ und die Welt dadurch der Utopie eines umfassenden, wenn nicht sogar ewigen Friedens näher zu bringen schien. Der Rückschlag in Gestalt des Irakkriegs beschwor nicht nur das Gespenst eines dritten mit terroristischen Mitteln ausgetragenen Weltkriegs herauf, sondern führte auch dazu, dass sich die Hoffnung auf Völkerverständigung und Frieden verflüchtigte und neuer Kriegsangst wich. Umso mehr muss der drohenden Kriegsgefahr Einhalt geboten und alles daran gesetzt werden, die Kräfte der Verständigung, Versöhnung und Konzentration auf das große Ziel der Rettung des Friedens hin zu mobilisieren.

DIE FRIEDENSFRAGE

Nach dem Bericht des Lukasevangeliums sendet Jesus seine Jünger – nach heutiger Lesart die urchristlichen Wanderprediger – mit dem Auftrag aus:

Wenn ihr in ein Haus kommt, dann sagt zuerst: Friede diesem Haus! Wenn dort ein Sohn des Friedens wohnt, wird euer Friede auf ihm ruhen – wenn nicht, wird es zu euch zurückkehren. (Lukas 10,5f.)

Danach muss der Friede im Kleinen, im Verhältnis von Mensch zu Mensch, von Haus zu Haus seinen Anfang nehmen, wenn er von allen als der bessere Weg der Konfliktbeseitigung beschritten werden soll[135]. Diesem Anfang der Tätigung muss ein Anfang im Friedensverständnis entsprechen. Denn mit dem gängigen Begriffspaar »Krieg und Frieden« wird der Friede bereits an den insgeheim erwarteten nächsten Krieg verraten. Auch das Postulat *Kants*, »es soll unter uns kein Krieg sein«, verweist nach dessen eigenem Urteil den Frieden in den Bereich des Wünschbaren, nicht jedoch des Unerlässlichen und zwingend Gebotenen[136]. Doch der Friede gehört zu jener Spitzengruppe von Ideen, zu denen es wie zur Idee Gottes, der Wahrheit und des Guten keine Alternativen gibt und die als solche – wie der im Sinn des *Anselm von Canterbury* streng gefasste Gottesgedanke – ihre Wirklichkeit vergegenwärtigen, wenn nicht sogar beinhalten.

DER INBEGRIFF

Zu den größten Intuitionen des bedeutendsten Denkers der alten Kirche, *Origenes*, gehört die Erkenntnis, dass Jesus nicht nur das Wort und die Weisheit Gottes lehrte und das Gottesreich verkündete, sondern mit diesen Motiven identisch war. Er ist nach seiner ingeniösen Deutung ebenso das Wort wie die Weisheit und das Reich Gottes »in Person«[137]. Doch damit trat er nur in die Fußspur des johanneischen Jesus, der sich in seinen Ich-bin-Worten, die das Johannesevangelium wie eine Lichterkette durchziehen, mit den wichtigsten Gütern des menschlichen Daseins und Geistes wie Licht, Brot, Weg, Wahrheit und Leben gleichgesetzt hatte. Was schließlich den ihm besonders angelegenen Frieden anbelangt, so versichert er:

Frieden hinterlasse ich euch; meinen Frieden gebe ich euch. Nicht wie die Welt gibt, gebe ich (ihn) euch (Johannes 14,27)[138].

Wenn auch kaum auszumachen ist, ob er sich mit seiner Unterscheidung auf die Friedenspropaganda der Pax Romana bezieht, steht doch außer Zweifel, dass sich Jesus in dieser Zusage die Sache des Friedens bis an den Rand einer Identifikation zu Eigen macht. Den letzten Schritt vollzog die Paulusschule, als sie ihm im Blick auf seine alle Trennmauern niederreißende Erlösungstat mit dem Wort »Er ist unser Friede« (Epheser 2,14) den Person gewordenen Frieden nannte[139].

DIE AKTUALITÄT

Jesus setzte sich nicht nur aus innerer Nötigung, sondern ebenso auch aus Sorge um den drohenden Untergang Israels für den Frieden ein. Denn er sah voraus, dass die Agitation der Zeloten, die um jeden Preis den Befreiungskrieg gegen die römische Unterdrückung wollten, in letzter Konsequenz zur Katastrophe führen werde. Deshalb setzte er den Propagandisten der Gewalt seinen Weg des Gewaltverzichts entgegen. Und deshalb ließ er hinter seinem Angebot, Jerusalem unter seine schützenden Flügel zu nehmen (Lukas 13,34), das Schreckensbild der von ihren Feinden umzingelten und zertretenen Stadt aufscheinen (Lukas 19,34f.).

In mehr als einer Hinsicht gleicht die heutige Weltlage der damaligen. Deshalb muss alles für ein Umdenken in der Friedensfrage getan werden. Dazu gehört auch der Hinweis, dass der alttestamentliche Grundsatz »Gerechtigkeit schafft Frieden« (Jesaja 32,16f.) im neutestamentlichen Jakobusbrief umgedreht wurde, sodass die Gerechtigkeit nicht mehr als die Voraussetzung des Friedens, sondern dieser als der »Boden« und das Prinzip der sich im Frieden entfaltenden Gerechtigkeit erscheint (Jakobus 3,18)[140]. So entspricht es der Tatsache, dass das Christentum im Unterschied zum Judentum keine moralische, sondern eine mystische, aus der bleibenden Verbundenheit mit seinem Stifter lebende, denkende und handelnde Religion ist. Boden und Prinzip der Gerechtigkeit ist der Friede daher vor allem deshalb, weil der in den Seinen fortlebende und fortwirkende Christus (nach Epheser 2,14) der personale Inbegriff des Friedens ist, der die Seinen unablässig zum Friedenszeugnis bewegt. Dazu müsste sich die Christenheit gerade auch durch die großen ihr gegebenen Zeitzeichen angehalten und angetrieben fühlen. Denn noch immer geht davon eine unüberhörbare Friedensverheißung für die von Kriegsdrohungen geängstete Welt aus.

Angesichts des ebenso betreten wie beklemmenden Schweigens, in das die damit konfrontierte Gegenwartstheologie verfiel, muss die Neue Theologie ihre Stimme erheben und sich als Friedensbotschaft Gehör verschaffen. Nur so wird sie ihrer über den kirchlichen Binnenraum hinausgreifenden Verantwortung gerecht. Wenn es am Schluss von *Schillers* ›Lied von der Glocke‹ heißt: »Friede sei ihr erst Geläute«, ist damit der Ton angeschlagen, auf den sie ihr gesamtes »Reden von Gott« – nach *Thomas von Aquin* die Grundbestimmung von Theologie – abstimmen muss. Denn schwerlich kann sie ihr Existenzrecht besser als dadurch beweisen, dass sie dem Wort und Stimme verleiht, der nach wie vor bereit steht, die bedrohte und geängstete Welt unter die Flügel seiner bergenden Liebe zu nehmen.

Anmerkungen

1 S. Freud: Das Unbehagen in der Kultur und andere kulturtheoretische Schriften, Frankfurt 1994, S. 57f.
2 F. Nietzsche: Sämtliche Werke. Kritische Studienausgabe IX, München 1980, S. 582
3 E. Biser: Einweisung ins Christentum, Düsseldorf 2000, S. 42; 191f.
4 A. Vögtle: Der verkündigende und verkündigte Jesus »Christus«, in: Sauer, J. (Hrsg.): Wer ist Jesus Christus?, Freiburg 1977, S. 27–91
5 E. Biser: Der inwendige Lehrer. Der Weg zur Selbstfindung und Heilung, Schwerin 2000
6 J. Ratzinger: Das Salz der Erde, München 1996, S. 30; zur augustinischen »Kurzformel«: erit unus Christus, amans seipsum: Henri de Lubac: Katholizismus als Gemeinschaft, Einsiedeln und Köln 1943, S. 106
7 G. Söhngen: Christi Gegenwart in uns durch den Glauben, in: Die Einheit der Theologie, München 1952, S. 324–341
8 E. Biser: Überwindung der Lebensangst. Wege zu einem befreienden Gottesbild, München 1997
9 S. Kierkegaard, Die Krankheit zum Tode, Hamburg 1962, S. 41f.
10 L. Feuerbach: Das Wesen des Christentums, Stuttgart 1994
11 E. Biser: Einweisung ins Christentum, Düsseldorf 2000, S. 86f.
12 E. Biser: Licht oder Finsternis?, in: Gott im Horizont des Menschen, Limburg 2001, S. 25–79
13 M. Görg: Der un-heile Gott. Die Bibel im Bann der Gewalt, Düsseldorf 1995
14 Augustinus: Soliloquien II, 20,35
15 S. Kierkegaard: Einübung im Christentum, Gütersloh 1980, S. 102; 233
16 R. Guardini: Gläubiges Dasein – Die Annahme seiner selbst, Mainz und Paderborn 1993, S. 7–31
17 Nikolaus von Kues: Von Gottes Sehen – De visione Dei, c. 7,35, Leipzig 1954, S. 73
18 G. Pico della Mirandola: Die Würde des Menschen, Fribourg-Frankfurt-Wien o. J., S. 52f.
19 F. Nietzsche: Zur Genealogie der Moral III, § 9
20 S. Kierkegaard: Die Wiederholung, Hamburg 1961, S. 62f.
21 E. Biser: Der Mensch – das uneingelöste Versprechen. Entwurf einer Modalanthropologie, Düsseldorf 1995
22 Nikolaus von Kues: Von Gottes Sehen – De visione Dei, c. 7,35, Leipzig 1954, S. 73
23 J. W. von Goethe: Faust II, 5. Akt
24 F. Nietzsche: Die fröhliche Wissenschaft III, § 125
25 K. Löwith: Weltgeschichte und Heilsgeschehen. Die theologischen Voraussetzungen der Geschichtsphilosophie, Stuttgart 1953, S. 136–147
26 E. Biser: Einweisung ins Christentum, Düsseldorf 2000, S. 298f.
27 K. Löwith: a. a. O., S. 153–159
28 A. a. O., S. 190–195; F. W. J. Schelling: Philosophie der Offenbarung, 32. Vorlesung, Darmstadt 1955, S. 206–227
29 G.-G. Grau: Die Selbstaufhebung aller großen Dinge. Philosophieren mit Nietzsche, Würzburg 2004
30 Gregor von Nyssa: Der versiegelte Quell. Auslegung des Hohen Liedes,

Salzburg und Leipzig 1939, S. 73; Henri de Lubac: Katholizismus als Gemeinschaft, S. 183

[31] E. Biser: Die Entdeckung des Christentums. Der alte Glaube und das neue Jahrtausend, Freiburg 2000, S. 10f.;326f.; Eugen Biser: Glaubenserweckung. Das Christentum an der Jahrtausendwende, Düsseldorf 2000, S. 13f.

[32] J. L. Mackie: Das Wunder des Theismus. Argumente für und gegen die Existenz Gottes, Stuttgart 1985

[33] A. Pfeiffer: Franz Overbecks Kritik des Christentums, Göttingen 1975, S. 59

[34] F. Nietzsche: Sämtliche Werke, Kritische Studienausgabe X, S. 105

[35] G.-G. Grau: Die Selbstauflösung des christlichen Glaubens. Eine religionsphilosophische Studie über Kierkegaard. Frankfurt 1963. Ferner die Einleitung seiner bereits erwähnten Untersuchung »Die Selbstaufhebung aller großen Dinge«, S. 13–23.

[36] E. Biser: Die Suspendierung der Gottesfrage. Erwägungen zu einer innovatorischen These Karl Rahners, in: E. Klinger/K. Wittstadt (Hrsg.): Glaube im Prozess. Christsein nach dem 2. Vatikanum, Frankfurt 1984, S. 432–455

[37] E. Biser: Glaubensbekenntnis und Vaterunser. Eine Neuauslegung, Düsseldorf 2003, S. 83–90

[38] H. de Lubac: Katholizismus als Gemeinschaft, S. 404f.

[39] E. Biser: Ein Zeichen der Verständigung, in: Die Entdeckung des Christentums, S. 375–384

[40] H. Küng/I. van Ess: Christentum und Weltreligionen – Islam, München 1994, S. 109–112

[41] M. Buber: Gottesfinsternis. Betrachtungen zur Beziehung zwischen Religion und Philosophie, Zürich 1953, S. 149

[42] H. Waldenfels: Begegnungen der Religionen, Bonn 1990, S. 147–166

[43] S. Kierkegaard: Einübung im Christentum, S. 13; 69ff.

[44] L. von Ranke: Brief an seinen Bruder Heinrich vom 25. August 1827

[45] Waldenfels, a. a.O., S. 213–222

[46] M. Buber: Der Jude und sein Judentum, Köln 1963, S. 182f.

[47] E. Biser: Gott im Horizont des Menschen, Limburg 2001

[48] E. Troeltsch: Über historische und dogmatische Methode in der Theologie, in: Gesammelte Schriften II, Aalen 1962, S. 735; Ernst Käsemann: Exegetische Versuche und Bestimmungen I, Göttingen 1964, S. 194

[49] F. Schiller: Die Götter Griechenlands (1788)

[50] H. v. Hoffmannsthal: Ausgewählte Werke in zwei Bänden II, Frankfurt a. M. 1961, S. 342f.

[51] Dazu das konstruktivistische Jesusbuch: Eugen Biser: Das Antlitz. Eine Christologie von innen, Düsseldorf 1999, S. 82–104

[52] U. Wilckens: Das Evangelium nach Johannes, Göttingen 2000, S. 35f.

[53] S. Kierkegaard: Einübung im Christentum, S. 18

[54] Augustinus: Confessiones IV, c.4.

[55] R. Gögler: Zur Theologie des göttlichen Wortes bei Origenes, Düsseldorf 1963, S. 264

[56] M. Buber: Zwei Glaubensweisen, Gerlingen 1994, S. 34ff.; 218f.

[57] E. Biser: Die Denkbarkeit, in: Glaubenserweckung, S. 78ff.

[58] W. Wrede: Paulus, in: K. H. Rengstorf (Hrsg.): Das Paulusbild in der neueren deutschen Forschung, Darmstadt 1964, S. 60

[59] G. Theissen: Lokalkolorit und Zeitgeschichte in den Evangelien. Ein Beitrag zur Geschichte der Synoptischen Tradition, Göttingen 1962, S. 143;162;293ff.; vgl. dazu auch Eugen Biser: Das Antlitz, S. 220;250.

60 E. Schweizer: Jesus, das Gleichnis Gottes, Was wissen wir wirklich vom Leben Jesu?, Göttingen 1996

61 B. Hinrichs: Ich bin. Die Konsistenz des Johannesevangeliums in der Konzentration auf das Wort Jesu, Stuttgart 1988

62 E. Biser: Der visionäre Durchblick, in: K. Hurtz (Hrsg.): »Faust« in der Seele. Zeitgenossen meditieren Goethe, Regensburg 1995, S. 19–24

63 E. Biser: Einleitung ins Christentum, a. a. O., S. 86f.; 108ff. und: Theologie als Therapie. Zur Wiedergewinnung einer verlorenen Dimension, Schwerin und Hamburg 2000.

64 R. H. Fuller: Die Wunder Jesu in Exegese und Verkündigung, Düsseldorf 1968, S. 42; 46

65 E. Biser: Jesus – das Wunder Gottes, in: Die Entdeckung des Christentums, a. a. O., S. 234–251

66 R. Bultmann: Zur Frage der Christologie, in: Glauben und Verstehen I, Tübingen 1966, S. 101

67 L. Schenke: Die Urgemeinde. Geschichtliche und theologische Entwicklung, Stuttgart 1990, S. 131ff.

68 A. Vögtle: Das Problem der Herkunft von Matthäus 16,17–19, in: Offenbarungsgeschehen und Wirkungsgeschichte, Freiburg 1985, S. 109– 140

69 E. Biser: Die Leidenstat, in: Der Freund. Annäherungen an Jesus, München 1989, S. 196–218

70 L. Schenke: Die Urgemeinde, a. a. O., S. 111–114; F. Hahn: Theologie des Neuen Testaments I, Tübingen 2002, S. 283ff.

71 U. Wilckens: Da Evangelium nach Johannes, a. a. O., S. 105f.

72 Vgl. dazu die Studie: Eugen Biser: Der unbekannte Paulus, Düsseldorf 2003, S. 243

73 U. Wilckens: Das Evangelium nach Johannes, a. a. O., S. 204–207

74 F. Nietzsche: Der Antichrist, § 40

75 E. Biser: Bindet ihn los!, in: Die Entdeckung des Christentums, a. a. O., S. 253–266

76 F. Hahn: Theologie des Neuen Testaments I, a. a. O., S. 499; Gerd Theissen: Die Religion der ersten Christen. Eine Theorie des Urchristentums, Gütersloh 2000, S. 237.

77 I. D. Crossan: Der historische Jesus, München 1994, S. 546

78 F. Nietzsche: Der Antichrist, § 35

79 L. Schenke: Die Urgemeinde, a. a. O., S. 131ff.; F. Hahn, Theologie des Neuen Testaments I, a. a. O., S. 206

80 F. W. J. Schelling: Philosophie der Offenbarung, Darmstadt 1955, S. 219

81 E. Biser: Paulus und die Welt, in: Paulus: Zeugnis – Begegnung – Wirkung, Darmstadt 2003, S. 284–293

82 E. Biser: Paulus und der Tod, in: Paulus: Zeugnis – Begegnung – Wirkung, a. a. O., S. 294–297

83 U. Wilckens: Das Evangelium nach Johannes, 172–181

84 R. Schnackenburg: Das Johannesevangelium II, Freiburg 1985, S. 428–433

85 G. Keil: Das Johannesevangelium. Ein philosophischer und theologischer Kommentar, Göttingen 1997, S. 184–196

86 K. Beyschlag: Die verborgene Überlieferung von Christus, München und Hamburg 1969, S. 127–130

87 E. Biser: Einweisung ins Christentum, a. a. O., S. 330–339

88 A. Vögtle: Der verkündigende und der verkündigte Jesus »Christus«, in: J. Sauer (Hrsg.): Wer ist Jesus Christus?, Freiburg 1977, S. 27–91

89 E. Biser: Der inwendige Lehrer. Der Weg zur Selbstfindung und Heilung, Schwerin 2000

[90] Dazu nochmals das im Abschnitt »Wohin bewegen wir uns?« Mitgeteilte

[91] H. Kessler: Sucht den Lebenden nicht bei den Toten. Die Auferstehung Jesu Christi in biblischer, fundamentaltheologischer und systematischer Sicht, Würzburg 1985

[92] U. Wilckens: Das Evangelium nach Johannes, a.a.O., S. 309f.; dazu auch: Eugen Biser: Glaubensbekenntnis und Vaterunser. Eine Neuauslegung, Düsseldorf 2003, S. 98–106

[93] D. Mahnke: Unendliche Sphäre und Allmittelpunkt. Beiträge zur Genealogie der mathematischen Mystik, Halle 1937

[94] L. Schenke: Die Urgemeinde, a.a.O., S. 111

[95] U. Wilckens: Theologie des Neuen Testaments I/1, Neukirchen-Vluyn 2002, S. 26

[96] E. Biser: Das Niedagewesene, in: Einweisung ins Christentum, S. 262–268

[97] L. Schenke: Die Urgemeinde, a.a.O., S. 17–20; U. Wilckens: Theologie des Neuen Testaments I/2, Neukirchen-Vluyn 2003, S. 124–131

[98] Ph. Seidensticker: Die Auferstehung Jesu in der Botschaft der Evangelien. Ein traditionsgeschichtlicher Versuch zum Problem der Sicherung der Osterbotschaft in der apostolischen Zeit, Stuttgart 1968, S. 24–38

[99] Wie Anm. 96

[100] E. Biser: Die Denkbarkeit, in: Glaubenserweckung, a.a.O., S. 78–82

[101] E. Biser: Die Lebenswende, in: Der unbekannte Paulus, a.a.O., S. 43–50

[102] G. E. Lessing: Über den Beweis des Geistes und der Kraft, in: Werke in drei Bänden, München 1982, S. 349–354; S. 768f.

[103] E. Biser: Fehlten Tote?, in: Hat der Glaube eine Zukunft?, Düsseldorf 1997, S. 85–96

[104] E. Biser: Die Zitadelle des Friedens, in: Wege des Friedens, Augsburg 2003, S. 141–165

[105] U. Wilckens: Der Brief an die Römer, S. 227; vgl. auch Eugen Biser: Der unbekannte Paulus, S. 136f.; S. 240

[106] E. Biser: Einweisung ins Christentum, S. 189 ff.

[107] A.a.O., S. 86f.

[108] Ignatius von Antiochien: An die Smyrnäer, 10,2, in: Die Apostolischen Väter, München 1956, S. 213; Augustinus, In psalm 26; nach Henri de Lubac, Katholizismus als Gemeinschaft, S. 106

[109] M. Heidegger: Was heißt denken?, Tübingen 1954, S. 78ff.

[110] U. Wilckens, Der Brief an die Römer, S. 151–158; vgl. auch Eugen Biser: Paulus und die Welt, in: Paulus: Zeugnis – Begegnung – Wirkung, S. 284–293

[111] Dazu nochmals die Ausführungen zur joachitischen Geschichtsschau auf Seite 57

[112] Gregor von Nyssa: Hoheliedkommentar, C. 3, nach H. Rahner: Die Gottesgeburt, in: Zeitschrift für katholische Theologie 59(1935), S. 333–418

[113] H. de Lubac: Katholizismus als Gemeinschaft, S. 183

[114] E. Biser: Überredung zur Liebe. Die dichterische Daseinsdeutung Gertrud von le Forts, Regensburg 1980, S. 147–193

[115] A.a.O., S. 147–159

[116] A. Wilkenhauser: Die Christusmystik des Apostels Paulus, Freiburg 1956, S. 44

[117] A.a.O., S. 32f.;36;61

[118] F. Heiler: Das Gebet. Eine religionsgeschichtliche und religionspsychologische Untersuchung, München 1921, S. 232

[119] M. Buber: Zwei Glaubensweisen, S. 134f.

[120] U. Wilckens: Der Brief an die Römer II, S. 160ff.; ferner Eugen Biser: Bach als Wiederentdecker der paulinischen Heilsbotschaft, in: Glaubensimpulse. Beiträge zur Glaubenstheorie und Religionsphilosophie, Würzburg 1988, S. 324–336

[121] M. Buber: Gottesfinsternis, S. 149

[122] L. Schenke: Die Urgemeinde, S. 95f.

[123] E. Biser: Der unbekannte Paulus, S. 95

[124] U. Wilckens: Der Brief an die Römer II, Zürich 1993, S.75–79

[125] H. Gerdes: Sören Kierkegaards »Einübung ins Christentum«, Darmstadt 1982, S. 2

[126] O. Pfister: Das Christentum und die Angst, Frankfurt 1985

[127] E. Biser: Glaube nur! Gott verstehen lernen, Freiburg 1980; ferner: Ders.: Überwindung der Lebensangst. Wege zu einem befreienden Gottesbild, München 1997

[128] J. Jeremias: Abba. Studien zur neutestamentlichen Theologie und Zeitgeschichte, Göttingen 1972, S. 58f.

[129] S. Kierkegaard: Leben und Walten der Liebe, Jena 1924, S. 19f.

[130] H. Waldenfels: Begegnung der Religionen, Bonn 1990, S. 147–155

[131] A.a.O., S. 213–235

[132] M. Buber: Gottesfinsternis. Betrachtungen zur Beziehung zwischen Religionen und Philosophie, Zürich 1953, S. 149

[133] K. von Raumer: Ewiger Friede. Friedensrufe und Friedenspläne seit der Renaissance, Freiburg und München 1953

[134] E. Biser: Der Sinn des Friedens. Ein theologischer Entwurf, München 1960, S. 227–230

[135] E. Biser: Wege des Friedens, Augsburg 2003

[136] I. Kant: Zum ewigen Frieden: Zweiter Definitivartikel

[137] R. Gögler: Zur Theologie des göttlichen Wortes bei Origenes, Düsseldorf 1963, S. 264

[138] U. Wilkens: Das Evangelium nach Johannes, Göttingen 2000, S. 233; Eugen Biser: Wege des Friedens, S. 67ff.

[139] A.a.O., S. 82–85

[140] A.a.O., S. 79–82

Index

A. BIBELSTELLEN

Matthäus

5,9 149
11,28 . . . . 79;102;133
14,23–30 . . . . 64;133
15,28 90
16,16 . . . . 81;93
18,20 . . . . 66; 135
22,23–26 92
22,42 92
28,16–20 77

Markus

1,11 80
1,15 . . . . 80;84
1,27 88
2,19 71
2,22 43
4,35–48 47
5,36 . . . . 21;142
6,46–51 77
8,31 107
9,2–10 77
9,31 107
9,4 89
10,27 90
10,33 107
10,45 . . . . 79;147
10,52 89
11,12 101
11,16 101
12,30 74
13,2 99
14,25 107
14,50 94
14,61 95
15,37 96
15,39 . . . . 95;109

Lukas

3,21 . . . . 80;132
4,23 90
5,39 40
9,20 15
10,5f 150
10,18 93

11,20 . . . . 36;89
12,49 . . . . 43;88
13,34 . . . . 86;98;135;151
17,20 85
19,34f 151
21,8 84
21,20 136
22,25 147
24,5 116
24,13–31 117
24,30 103
24,32 117
24,34 103

Johannes

1,18 78
1,51 77
3,5f 77
3,16 73
3,19 97
4,23 . . . . 98;101
4,26 86
5,25–29 77
5,28 112
6,35 87
6,48 . . . . 81;87; 102
6,66–69 81
7,37f 77;87
9,5 87
10,9 87
10,11 87
11,17–44 112
11,25 87
12,32 143
13,1 . . . . 102;106
14,6 87
14,8f 28
14,22f 113
14,27 . . . . 15;45;148;151
17,24 77
19,34 77
20,14ff 113
20,15 103
20,19 103
20,25 103
20,26 103
21,7 103

Apostelgeschichte
6,7 106
10,41 122

Römer
1,3f. 92;110
1,19f. 51
5,5 139
5,7f. 105
7,7 138
7,18–23 97
8,15 . . . . 94;110;116
8,18–23 . . . . 14;111;116;127
8,26 133
8,32 31
8,35,38f 50
8,38 69
10,9 . . . . 14; 124
12,4f. 103
13,10 139
14,7 . . . . 104;117

1 Korinther
2,10 . . . . 51;131
7,31 127
8,3 . . . . 126;131
11,23–26 . . . . 101f.
12,8ff 131
12,12f. 103
12,26 104
13,1–12 139
15,8 120
15,28 111
15,35–45 111
15,45 11,103
15,55f. 97

2 Korinther
1,3 74
3,6. 75
3,17 69
4,6 121
4,13 124
5,16 116
13,5 11

Galater
1,15f. 121
1,16 . . . . 65;68
2,20 . . . . 125;136
3,13 94
4,4 . . . . 94;98
4,6 116
4,8–11 76

5,1 15
5,6 . . . . 131;135
5,12 69

Epheser
2,14 . . . . 15;45;146;148;151f.
3,17 129
4,9. 64
4,5f. 116
4,13ff 124; 129

Philipper
2,5 . . . . 11;91;147
2,11 95
3,13 116
4,13 20

Kolosser
1,18 117
1,27 . . . . 19;126

Titus
3,4 12

Hebräer
2,15 . . . . 83;141
5,7 82

Jakobus
3,18 151

1 Johannes
2,2 106
3,19ff. 148

Apokalypse
3,20 68

B. NAMEN

Adorno, Th. W. 26; 63
Anselm von Canterbury 63; 67;
                                    122; 150
Auden, W. H. 36; 59; 141
Augustinus 57; 74; 80; 114

Bach, J. S. 14; 107; 132
Beethoven, L. van . . 14; 41; 62; 132
Ben-Chorin, Sch. 125
Biser, E. 125
Blondel, M. 18; 33

159

Buber, M. 60; 67; 73; 81;
82; 106; 121f.; 132;
134; 142
Bultmann, R. 91
Burkert, W. 147

Deutinger, M. 123

Erasmus von Rotterdam 145

Feuerbach, L. 34; 41
Freud, S. 17; 20f.; 25; 32ff.; 47
Fuller, R. H. 89

Gadamer, H.-G. 26; 59; 125
Girard, J.-B. 147
Goethe, J. W. von 55; 135; 148
Grau, G.-G. 62
Gregor von Nyssa 58; 147
Guardini, R. 52; 125

Hegel, G. W. F. 57; 76; 127
Heidegger, M. 36; 58; 126
Heiler, F. 132
Hoffmannsthal, H. von 76
Hoppe, R. 93
Horkheimer, M. 26
Huxley, A. 17

Ignatius von Antiochien. . . . 19; 126

Jaspers, K. 36
Joachim von Fiore 57; 59f.;
115; 127
Johannes XXIII. 22; 42
Jünger, F. G. 61

Kafka, F. 63
Kant, I. 10; 25; 71; 107; 138; 150
Käsemann, E. 75
Keil, G. 112
Kierkegaard, S. . . . . 11 f.; 41; 51;
54; 62; 71; 79f.; 106;
113; 125; 139; 143; 146
Kleist, H. von 33
Kopernikus 25

Le Fort, G. von . . . . 58 ; 60 ; 128
Lessing, G. E. 25; 57; 75
Löwith, K. 57
Lubac, H. de 58; 128

Mackie, J. L. 61
Mahnke, D. 116
Marcuse, H. 13; 34; 147
Marx, K. 125
Miles, J. 29

Newman, J. H. 128
Nietzsche, F. 10; 13; 20f.; 25;
32ff.; 36; 47; 50; 57f.;
62; 66; 99; 106; 110
Nikolaus von Kues 52; 55; 64;
80; 109; 122

Origines 80; 150
Overbeck, F. 62

Pascal, B. 12; 51f.; 113; 139
Pieper, J. 40
Pfister, O. 37; 141
Pico della Mirandola 6; 53
Postman, N. 34

Rahner, K. 62f.; 130
Ranke, L. von 25
Ratzinger, J. 20; 74; 97; 136
Reinmarus, H. S. 75
Rorty, R. 67

Schelling, F. W. J. 58; 111
Schiller, F. 72; 75; 152
Schnackenburg, R. 125
Schneider, R. 122
Schweizer, E. 90
Söhngen, G. 20; 125; 136
Spengler, O. 58

Theophil von Antiochien . . . . . 32ff.
Thomas von Aquin 152
Troeltsch, E. 75

Ulrich von Hutten 33

Vögtle, A. 19; 114

Werfel, F. 17
Wikenhauser, A. 130
Wimmel, W. 64
Wust, P. 25; 59; 64
Wrede, W. 84

Ziegler, L. 61